AF502133

RECUEIL

DES DISPOSITIONS

SUR L'ÉTAT CIVIL.

APPLICABLES AUX MILITAIRES.

Paris. — Imprimerie de **Cosse** et **J. Dumaine**,
rue Christine, 2.

RECUEIL DES DISPOSITIONS
DES LOIS, DÉCRETS, ORDONNANCES,
INSTRUCTIONS, DÉCISIONS MINISTÉRIELLES ET CIRCULAIRES

SUR

L'ÉTAT CIVIL,

APPLICABLES AUX MILITAIRES DE TOUTES ARMES
A L'INTÉRIEUR ET AUX ARMÉES,

Naissances, Mariages, Décès, Disparitions, Testaments, Successions,

Appositions de scellés, Changements de noms. Titres nobiliaires, etc.,

Par A. GARREL,

Commis principal de 1re classe au Ministère de la guerre.

3e ÉDITION.

PARIS

LIBRAIRIE MILITAIRE.

J. DUMAINE, LIBRAIRE-ÉDITEUR DE L'EMPEREUR,

Rue et Passage Dauphine, 30.

1861

NOTE.

Les dispositions de l'état civil applicables aux militaires de toutes armes, tant à l'intérieur qu'aux armées, sont inscrites soit dans le Code Napoléon, soit dans les lois, décrets, ordonnances et instructions ministérielles qui régissent la matière. Une instruction du Ministre de la guerre, du 24 brumaire an XII, régla, pour la première fois, le mode d'exécution des dispositions de ce Code qui concernent particulièrement l'armée. Le décret impérial du 16 juin 1808, relatif au mariage des militaires en activité de service, ayant nécessité quelques changements à cette instruction, il en fut publié une nouvelle à la date du 15 novembre 1809. Enfin, par suite des nombreuses modifications qu'avait subies notre législation, cette instruction fut remplacée par celle du 8 mars 1823, qui sert encore de règle aujourd'hui aux officiers et fonctionnaires militaires appelés à exercer, hors du territoire français, les fonctions d'officiers de l'état civil.

Mais, depuis que cette dernière instruction a été publiée, sont intervenues beaucoup de dispositions de détail disséminées dans le *Journal militaire officiel*, notamment en ce qui touche les conditions imposées aux militaires pour contracter mariage. Or, les officiers et fonctionnaires chargés des fonctions d'officiers de l'état civil ne possèdent pas, la plupart du temps, la collection du *Journal militaire*, et beaucoup d'entre eux manquent le plus souvent de documents qui puissent les guider d'une manière certaine dans la rédaction des registres et des actes dont l'établissement leur est confié.

Nous avons donc pensé qu'il serait utile de réunir dans un cadre aussi restreint que possible les principales dispositions de l'état civil applicables aux militaires de toutes armes (naissances, mariages, décès, disparitions), et celles qui se rapportent aux testaments et successions.

Le petit volume que nous publions n'est pas un ouvrage, mais tout simplement un recueil de ces dispositions, et nous n'avons eu qu'un but, celui d'éviter à chacun, dans l'application, de longues et minutieuses recherches, et de rendre à tous la tâche plus facile.

Al. GARREL.

TABLE CHRONOLOGIQUE

DES MATIÈRES CONTENUES DANS CE VOLUME.

CHAPITRE PREMIER.

ÉTAT CIVIL.

Dispositions de principe

CONCERNANT LES NAISSANCES, MARIAGES, DÉCÈS, TESTAMENTS ET SUCCESSIONS DES MILITAIRES.

Instruction du Ministre de la guerre sur l'exécution des dispositions du Code civil et de divers décrets ou ordonnances applicables aux militaires de toutes armes.

Paris, le 8 mars 1823.

Le Code civil contenant des dispositions applicables aux militaires, soit dans l'intérieur de la France, soit lorsqu'ils se trouvent en corps d'armée sur le territoire étranger, et quelques lois et ordonnances ayant été publiées depuis l'instruction du 15 novembre 1809, le Ministre de la guerre a jugé nécessaire d'en faire rédiger une nouvelle plus étendue, et de prescrire, ainsi qu'il suit, les formalités qui doivent être observées dans tous les cas, pour donner aux actes que les officiers remplissant les fonctions d'officiers de l'état civil auront à passer ou à rédiger, la régularité qui peut seule en assurer la validité.

Cette instruction sera en conséquence, adressée au chef d'état-major de chaque corps d'armée ou division destiné à passer sur le territoire étranger, aux conseils d'administration des corps de toute arme, et aux intendants et sous-intendants militaires. Elle sera en outre insérée au *Journal militaire*.

DISPOSITIONS PRÉLIMINAIRES.

COMMUNES AUX ACTES DE L'ÉTAT CIVIL DANS L'INTÉRIEUR ET HORS DU TERRITOIRE FRANÇAIS.

Les actes de l'état civil doivent énoncer le lieu, l'année, le jour et l'heure où ils seront reçus, les nom, prénoms, âge, profession et domicile de tous ceux qui y seront dénommés comme objet de l'acte ou comme témoins.

Les noms en usage dans les différents calendriers, et ceux des personnages connus de l'histoire ancienne, peuvent seuls être reçus comme prénoms sur les registres de l'état civil destinés à constater la naissance des enfants, il est interdit aux officiers publics d'en admettre aucun autre dans leurs actes.

Toute personne qui porte actuellement comme prénom, soit le nom d'une famille existante, soit un nom quelconque qui ne se trouve pas compris dans la désignation portée au paragraphe ci-dessus, pourra en demander le changement, en se conformant aux dispositions de ce même paragraphe, et à celles du décret du 11 germinal an XI (1).

Le changement aura lieu d'après un jugement du tribunal compétent, qui prescrira la rectification de l'acte de l'état civil. Ce jugement sera rendu d'après les conclusions du procureur du Roi,

---

(1) Voir au chapitre III, ce décret.

sur simple requête présentée par celui qui demandera le changement, s'il est majeur ou émancipé, et par ses père et mère ou tuteur, s'il est mineur,

Nota. Ce dernier objet, devenant du ressort des tribunaux, n'est évidemment praticable que pour les militaires dans l'intérieur.

Les officiers de l'état civil ne pourront rien insérer dans les actes qu'ils recevront soit par note. soit par énonciation quelconque, que ce qui doit être nécessairement déclaré par les comparants.

Dans les cas où les parties intéressées ne sont point obligées de comparaître en personne, elles pourront se faire représenter par un fondé de procuration spéciale et authentique.

Les témoins produits aux actes de l'état civil ne pourront être que du sexe masculin, âgés de vingt-un ans au moins, parents ou autres, et ils seront choisis par les personnes intéressées.

L'officier de l'état civil donnera la lecture des actes aux parties comparantes ou à leurs fondés de procuration et aux témoins; il y sera fait mention de l'accomplissement de cette formalité.

Ces actes seront signés par l'officier de l'état civil, par les comparants et les témoins, ou mention sera faite de la cause qui empêchera les comparants et les témoins de signer.

Les actes seront inscrits sur les registres, de suite, sans aucun blanc; les ratures et les renvois seront approuvés et signés de la même manière que le corps de l'acte. Il n'y sera rien écrit par abréviation, et aucune date ne sera mise en chiffres.

Tout dépositaire des registres sera civilement responsable des altérations qui y surviendront, sauf son recours, s'il y a lieu, contre les auteurs desdites altérations.

Toute altération, tout faux dans les actes de l'état civil, toute inscription de ces actes faite sur une feuille volante et autrement que sur les registres à ce destinés, donneront lieu aux dommages-intérêts des parties, sans préjudice des peines portées au Code pénal.

Nota. Ces dispositions sont conformes à différents articles du Code civil.

DISPOSITIONS GÉNÉRALES

CONCERNANT LES ACTES DE L'ÉTAT CIVIL FAITS HORS DU TERRITOIRE FRANÇAIS.

Par qui seront remplies les fonctions d'officier de l'état civil.

(*Code civil.*) Art. 89.—Le quartier-maître (1), dans chaque corps d'un ou plusieurs bataillons ou escadrons et le capitaine commandant, dans les autres corps, rempliront les fonctions d'officier de l'état civil. Ces mêmes fonctions seront remplies, pour les officiers sans troupe et pour les employés de l'armée, par l'inspecteur aux revues attaché à l'armée ou au corps d'armée (2).

---

(1) Aujourd'hui le capitaine trésorier et, à son défaut, l'adjoint au trésorier ou l'officier payeur, mais plutôt l'officier payeur, les deux premiers officiers restant au dépôt à l'intérieur.

(2) Extrait de l'ordonnance du Roi du 29 juillet 1817 insérée au *Bulletin des Lois*, n° 175.

Art. 1er. . . . . . { Les corps actuels des inspecteurs aux revues et des commissaires des guerres sont supprimés.

Formation d'un registre pour l'enregistrement des actes de l'état civil; par qui il sera tenu, et comment il sera conservé.

Art. 90. — Il sera tenu dans chaque corps de troupe un registre pour les actes de l'état civil relatifs aux individus de ce corps et un autre à l'état-major de l'armée ou du corps d'armée, pour les actes civils relatifs aux officiers sans troupe et aux employés. Ces registres seront conservés de la même manière que les autres registres des corps et états-majors, et déposés aux archives de la guerre, à la rentrée des corps ou armées sur le territoire français.

Par qui les registres sont cotés et parafés.

Art. 91.—Les registres seront côtés et paraphés, dans chaque corps, par l'officier qui le commande, et à l'état-major, par le chef de l'état-major général.

Observations. Les registres de l'état civil seront établis suivant le modèle annexé à la présente instruction. Il importe qu'il soient établis de manière à se détériorer le moins possible, écrits très-lisiblement, et composés d'un assez grand nombre de

---

Extrait de l'art. 5. — Nous créons et établissons un corps d'administrateurs militaires, sous la dénomination d'*intendants militaires*; il sera composé d'intendants militaires, de sous-intendants militaires et d'adjoints sous-intendants militaires.

Extrait de l'art. 9. — Ils exerceront les fonctions maintenant attribuées aux corps des inspecteurs aux revues et des commissaires des guerres.

feuilles pour qu'il ne soit pas besoin de les renouveler pendant la campagne.

Ils doivent être fournis par les corps et états-majors ; et aussitôt la rentrée sur le territoire français, ils seront envoyés au Ministre de la guerre, sauf à en établir de nouveaux dans le cas où ces, mêmes corps ou détachements quitteraient encore le territoire français.

Ces registres doivent être continués si l'armée ne change que de dénomination et l'on se bornera à faire mention de ce changement ; mais si, par l'effet d'une dislocation générale, un corps d'armée ou une division venait à être dissous, les registres qui auraient servi à cette division, seraient déposés à l'état-major général, pour être renvoyés au Ministre de la guerre.

Il doit en être de même pour ceux de chaque régiment ou portion de régiment qui serait amalgamé dans d'autres corps.

En cas de renouvellement des registres de l'état civil, ou lorsque l'armée rentre sur le territoire français, ces registres doivent être renvoyés par les chefs d'état-major et les conseils d'administration, puisque ce sont eux que la loi charge de veiller à leur conservation : l'officier qui a rempli les fonctions d'officier de l'état civil, doit provoquer cet envoi, au besoin le requérir, et en rendre compte directement au Ministre.

L'intendant militaire chargé à l'état-major de la tenue de ces registres en enverra tous les mois au Ministre de la guerre un extrait collationné.

Il sera également adressé tous les mois au Ministre de la guerre extrait collationné des registres de l'état civil, pour les divers corps ou détachements par les officiers chargés de leur tenue.

Les trésoriers, capitaines, commandants ou autres officiers chargés de la rédaction des actes, seront surveillés, dans les fonctions d'officier de l'état civil, par le conseil d'administration et les intendants militaires.

S'il arrivait qu'un événement devant donner lieu à la rédaction d'un acte de l'état civil se passât à une distance telle, que les témoins fussent dans l'impossibilité de se rendre auprès de l'officier de l'état civil le plus à portée, ou ne pussent pas le faire dans les délais prescrits par la loi, le sous-intendant militaire, ou à défaut, l'officier présent le plus élevé en grade, recevrait par écrit la déclaration des témoins, en dresserait procès-verbal qu'ils signeraient avec lui, et l'enverrait à l'officier de l'état civil, qui transcrirait cette pièce sur son registre et l'y annexerait.

S'il s'agissait de militaires isolés et éloignés de l'officier militaire remplissant les fonctions d'officier de l'état civil, l'évènement pourrait être constaté par les autorités locales, et dans les formes usitées dans le pays.

Les obligations relatives aux actes de l'état civil, qui sont imposées aux trésoriers par la loi et par la présente instruction, devront en leur absence, être remplies par l'officier, quel que soit son grade, qui sera chargé à l'armée de la tenue des contrôles nominatifs.

Un sous-intendant supplée de droit un intendant, dans les fonctions d'officier de l'état civil, toutes les fois qu'il n'y a pas d'intendant attaché au corps d'armée; et par ces mots, on doit entendre un corps ou division sous les ordres séparés d'un général, et trop éloigné du grand quartier général, pour que l'on puisse, sans inconvénient, faire intervenir dans les actes à passer pour ce corps, l'intendant ou sous-intendant attaché au grand quartier général. Ce ne sont pas les intendants seuls, mais chacun des officiers composant le corps des intendants et sous-intendants militaires, qui sont chargés de remplir les fonctions d'officier de l'état civil : la loi ne leur assigne pas un territoire déterminé ; tous les actes qu'ils dressent en cette qualité, avec les formalités requises, sont légaux et valables, et ce n'est que par une mesure d'ordre, dont l'observation n'influe pas sur la validité de l'acte, qu'un intendant ou sous-intendant doit se borner à dresser ceux relatifs aux individus qui sont momentanément sous sa police administrative. Une ligne de démarcation absolue n'est à cet égard, ni rigoureusement nécessaire, ni toujours possible.

Lorsque, par suite d'un des cas prévus dans le paragraphe précédent, il vient à être ouvert un registre particulier pour une division détachée, le sous-intendant doit être autorisé à le tenir, par le chef d'état-major du corps d'armée dont cette division faisait partie ; et l'intendant, ou celui qui le remplace, doit en être prévenu.

Les registres de l'état civil tenus à l'état-major sont sous la garde et la surveillance du chef de l'état major, et doivent rester en dépôt dans ses bureaux. Cependant, s'il arrivait que des circonstances exigeassent qu'ils fussent momentanément confiés à l'intendant ou sous-intendant militaire, pour faciliter la prompte inscription de quelques actes, ou les transporter chez un malade dont la signature serait nécessaire, le chef de l'état-major pourrait en autoriser le déplacement.

C'est dans ses bureaux que les témoins et celui qui remplit les fonctions d'officier de l'état civil, doivent en général, se rendre, pour que l'acte soit dressé; mais cette mesure, qui a pour objet de prévenir des difficultés, n'est pas indispensable pour la légalité de l'acte.

Les registres de l'état civil, dans chaque corps de troupe, doivent également rester, autant qu'il sera possible, entre les mains du conseil d'administration, et dans la caisse à trois clefs, lorsqu'il y en aura une. Dans le cas contraire, le président du conseil en a la garde et la surveillance. Il pourra, si les circonstances venaient à y donner lieu, les confier momentanément à l'officier chargé de leur confection.

Dans les compagnies isolées et dans les petits détachements, il serait convenable que les registres de l'état civil fussent cotés et paraphés par le sous-intendant militaire attaché à ce corps, comme tous les registres relatifs à l'administration. La loi, au surplus, n'a rien prévu à cet égard; l'art. 91 du Code, qui désigne pour cet objet l'officier commandant le corps, ne peut être applicable dans cette circonstance, puisque, suivant l'art. 89, cet officier doit lui-même rédiger les actes, et qu'il ne peut être sous sa propre surveillance. En général, dans le cas dont il s'agit ici, les registres doivent être cotés et paraphés, avant la séparation du détachement, par le commandant du corps; si cette formalité a été omise, ils le seront par le commandant de place, ou autre officier supérieur de l'officier commandant le détachement, dans le lieu où il se trouve, ou enfin, par un sous-intendant militaire ou celui qui le remplace : car le vœu de la loi sera toujours rempli, lorsque l'identité du registre sera établie de manière à ne pouvoir être contestée.

TITRE PREMIER.

DE LA NAISSANCE DES ENFANTS DES MILITAIRES.

DISPOSITIONS GÉNÉRALES.

Manière de constater la naissance d'un enfant.

(*Code civil.*) Art. 56. La naissance de l'enfant sera déclarée par le père, ou à défaut du père, par les docteurs en médecine ou en chirurgie, sages-femmes, officiers de santé ou autres personnes qui auront assisté à l'accouchement ; et, lorsque la mère sera accouchée hors de son domicile, par la personne chez qui elle sera accouchée.

L'acte de naissance sera rédigé de suite, en présence de deux témoins.

Observations.—Si la mère est mariée, nul autre que son mari ne peut être déclaré père de l'enfant. Si elle n'est pas mariée, la déclaration de paternité ne doit être reçue que du père même ; et, s'il était marié à une autre femme, sa déclaration ne serait pas admissible, nul ne pouvant se reconnaître publiquement adultère.

Formalités à observer dans la rédaction d'un acte de naissance.

(*Code civil.*) Art. 57.—L'acte de naissance énoncera le jour, l'heure, et le lieu de la naissance, le sexe de l'enfant et les prénoms qui lui seront donnés ; les prénoms, nom, profession et domicile des père et mère, et ceux des témoins (1).

---

(1) Voir, au chapitre III, la loi du 11 germinal an XI et les dispositions subséquentes.

Reconnaissance d'un enfant.

Art. 62.—L'acte de reconnaissance d'un enfant sera inscrit sur les registres à sa date, et il en sera fait mention en marge de l'acte de naissance, s'il en existe un.

Observations.—Les chefs d'état-major et les conseils d'administration veilleront à ce que les dispositions des précédents articles soient toujours ponctuellement exécutées. Il importe qu'ils aient connaissance de quelques articles du titre VII, livre Ier, du Code civil, sur la paternité et la filiation, non pour prononcer en pareille matière, mais pour indiquer à leurs subordonnés la marche qu'ils doivent suivre pour obtenir des tribunaux la justice qu'ils peuvent être en droit de réclamer. Ces articles sont ceux ci-après.

Cas dans lesquels le père peut désavouer un enfant.

(*Code civil.*) Art. 312.—L'enfant conçu pendant le mariage a pour père le mari ; néanmoins, celui-ci pourra désavouer l'enfant, s'il prouve que, pendant le temps qui a couru depuis le trois centième jusqu'au cent quatre-vingtième jour avant la naissance de cet enfant, il était, soit pour cause d'éloignement, soit par l'effet de quelque accident, dans l'impossibilité physique de cohabiter avec sa femme.

Motifs non recevables.

Art. 313.—Le mari ne pourra, en alléguant son impuissance naturelle, désavouer l'enfant; il ne pourra le désavouer même pour cause d'adultère, à moins que la naissance ne lui ait été cachée:

auquel cas il sera admis à proposer tous les faits propres à justifier qu'il n'en est pas le père (1).

Motifs non recevables.

Art. 314. — L'enfant né avant le cent quatre-vingtième jour du mariage ne pourra être désavoué par le mari dans les cas suivants ;

1° S'il a eu connaissance de la grossesse avant le mariage ;

2° S'il a assisté à l'acte de naissance, et si cet acte est signé de lui, ou contient sa déclaration qu'il ne sait signer ;

3° Si l'enfant n'est pas déclaré viable.

Motifs admissibles.

Art. 315. — La légitimité de l'enfant né trois cents jours après la dissolution du mariage pourra être contestée.

Délais accordés aux réclamants.

Art. 316. — Dans les divers cas où le mari est

---

(1) *Loi relative au désaveu de paternité en cas de séparation des corps*, des 15-22 novembre et 6 décembre 1850.

L'Assemblée nationale a adopté la loi dont la teneur suit :

Article unique. — Il sera ajouté à l'article 313 du Code civil un paragraphe ainsi conçu :

« En cas de séparation de corps prononcée ou même « demandée, le mari pourra désavouer l'enfant qui sera né « trois cents jours après l'ordonnance du président, rendue « aux termes de l'article 878 du Code de procédure civile, « et moins de cent quatre-vingts jours depuis le rejet dé- « finitif de la demande, ou depuis la réconciliation. L'ac- « tion en désaveu ne sera pas admise, s'il y a eu réunion « de fait entre les époux. »

(*Bulletin des Lois*, n° 333, p. 723.)

autorisé à réclamer, il devra le faire dans le mois, s'il se trouve sur les lieux de la naissance de l'enfant ; dans les deux mois après son retour, si, à la même époque, il est absent ; dans les deux mois après la découverte de la fraude, si on lui avait caché la naissance de l'enfant.

En cas de mort du mari, délai accordé à ses héritiers pour contester la légitimité de l'enfant.

Art. 317.—Si le mari est mort avant d'avoir fait sa réclamation, mais étant encore dans le délai utile pour la faire, les héritiers auront deux mois pour contester la légitimité de l'enfant: à compter de l'époque où cet enfant se serait mis en possession des biens du mari, ou de l'époque où les héritiers seraient troublés par l'enfant dans cette possession.

Terme de rigueur pour porter la cause devant les tribunaux.

Art. 318.—Tout acte extrajudiciaire contenant le désaveu de la part du mari ou de ses héritiers, sera comme non avenu, s'il n'est suivi, dans le délai d'un mois, d'une action en justice, dirigée contre un tuteur *ad hoc* donné à l'enfant, et en présence de sa mère.

SECTION PREMIÈRE.

DE LA NAISSANCE DES ENFANTS DES MILITAIRES SUR LE TERRITOIRE FRANÇAIS.

Délai pour les déclarations dans l'intérieur.

(*Code civil.*) Art. 55.—Les déclarations de naissance seront faites dans les trois jours de l'accouchement à l'officier de l'état civil du lieu; l'enfant lui sera présenté.

SECTION II.

DE LA NAISSANCE DES ENFANTS DES MILITAIRES HORS DU TERRITOIRE FRANÇAIS.

Délai pour les déclarations à l'armée.

(*Code civil.*) Art. 92.—Les déclarations de naissance à l'armée seront faites dans les dix jours qui suivront l'accouchement.

Observations.—Cet article fait exception à l'article 55, qui n'accorde que trois jours pour les déclarations : quant aux autres formalités, elle devront être les mêmes hors du territoire que dans l'intérieur, et les officiers de l'état civil se conformeront à cet effet aux dispositions générales, relatives aux actes de naissance énoncés au commencement de ce titre.

Nota. Voir, pour la rédaction de ces actes, le modèle n° 2, qui se trouve à la suite de cette Instruction.

Envoi de l'extrait du registre.

Art. 93.—L'officier chargé de la tenue du registre de l'état civil devra, dans les dix jours qui suivront l'inscription d'un acte de naissance audit registre, en adresser un extrait à l'officier de l'état civil du dernier domicile du père de l'enfant, ou de la mère, si le père est inconnu.

Observations. — Afin d'éviter les erreurs que pourraient commettre des bataillons ou escadrons qui, étant détachés du corps, n'ont point sous les yeux les registres-matricules, l'officier de l'état civil enverra l'extrait mentionné en l'article précédent au dépôt du corps, où il sera confronté avec le signalement du père de l'enfant, s'il est connu, et transmis par le conseil d'administration au lieu de son dernier domicile, ou de celui de la mère, dans le cas où le père serait inconnu.

Un double de cet extrait sera en outre envoyé au Ministre de la guerre, et le numéro du registre-matricule, sous lequel le père aura été signalé, sera relaté avec soin sur ledit acte de naissance.

Dans le cas où des corps entiers se trouveraient hors du territoire français, ils transmettraient directement lesdits extraits ainsi qu'il est prescrit ci-dessus.

Nota. Ces extraits devront être conformes au modèle n° 1, à la suite de cette Instruction.

TITRE II.

DU MARIAGE DES MILITAIRES.

DISPOSITIONS GÉNÉRALES.

Age requis pour contracter mariage.

(*Code civil.*) Art. 144. L'homme avant dix-huit ans révolus, la femme avant quinze ans révolus, ne peuvent contracter mariage.

Dispenses.

Art, 145. Néanmoins, il est loisible au Roi d'accorder des dispenses d'âge pour des motifs graves.

Art. 146. Il n'y a pas de mariage lorsqu'il n'y a pas de consentement.

Art. 147. On ne peut contracter un second mariage avant la dissolution du premier.

Consentements nécessaires.

Art. 148. Le fils qui n'a pas atteint l'âge de vingt-cinq ans accomplis. la fille qui n'a pas atteint l'âge de vingt et un ans accomplis, ne peuvent contracter mariage sans le consentement de leurs père et mère.

En cas de dissentiment, le consentement du père suffit.

Idem.

Art. 149.—Si l'un des deux est mort, ou s'il est dans l'impossibilité de manifester sa volonté, le consentement de l'autre suffit.

Idem.

Art. 150.—Si le père et la mère sont morts, ou s'il sont dans l'impossibilité de manifester leur volonté, les aïeuls et aïeules les remplacent; s'il y a dissentiment entre l'aïeul et l'aïeule de la même ligne, il suffit du consentement de l'aïeul.

S'il y a dissentiment entre les deux lignes, ce partage emportera consentement.

Actes respectueux.

Art. 151.—Les enfants de famille ayant atteint la majorité fixée par l'article 148, sont tenus, avant de contracter mariage, de demander par un acte respectueux et formel le conseil de leur père et de leur mère, ou celui de leurs aïeuls et aïeules, lorsque leur père et leur mère sont décédés ou dans l'impossibilité de manifester leur volonté.

Idem.

Art. 152.—Depuis la majorité fixée par l'article 148. jusqu'à l'âge de trente ans accomplis pour les fils, et jusqu'à l'âge de vingt-cinq ans accomplis pour les filles, l'acte respectueux prescrit par l'article précédent, et sans lequel il n'y aurait pas de consentement au mariage, sera renouvelé deux autres fois, de mois en mois; et un mois après le troisième acte, il pourra être passé outre à la célébration du mariage.

Actes respectueux.

Art. 153. —Après l'âge de trente ans, il pourra être, à défaut de consentement sur un acte respectueux, passé outre, un mois après, à la célébration du mariage.

Idem.

Art. 156. —Les officiers de l'état civil qui auraient procédé à la célébration des mariages, contractés par des fils n'ayant pas atteint l'âge de vingt-cinq ans accomplis, ou par des filles n'ayant pas atteint l'âge de vingt et un ans accomplis, sans que le consentement des père et mère, celui des aïeuls et aïeules, et celui de la famille, dans le cas où ils sont requis, soient énoncés dans l'acte de mariage, seront, à la diligence des parties intéressées et du procureur du Roi près le tribunal de première instance du lieu où le mariage aura été célébré, condamnés à l'amende portée par l'article 192, et en outre, à un emprisonnement dont la durée ne pourra être moindre de six mois.

Nota. Cette amende, dont le *minimum* n'est pas fixé, ne pourra excéder 300 francs.

Idem.

Art. 157. — Lorsqu'il n'y aura pas eu d'actes respectueux, dans les cas où ils sont prescrits, l'officier de l'état civil qui aurait célébré le mariage sera condamné à la même amende, et à un emprisonnement qui ne pourra être moindre d'un mois.

Dispositions relatives aux enfants naturels.

Art. 158.—Les dispositions contenues aux articles 148 et 149, et les dispositions des articles 151, 152, 153, 154 et 155, relatives à l'acte respectueux qui doit être fait aux père et mère dans le cas prévu par ces articles, sont applicables aux enfants naturels légalement reconnus.

Idem.

Art. 159.—L'enfant naturel qui n'a point été reconnu, et celui qui, après l'avoir été, a perdu ses père et mère, ou dont les père et mère ne peuvent manifester leur volonté, ne pourra, avant l'âge de vingt et un ans révolus, se marier qu'après avoir obtenu le consentement d'un tuteur *ad hoc*. qui lui sera nommé.

Cas où l'on doit recourir aux conseils de famille.

Art. 160.—S'il n'y a ni père ni mère, ni aïeuls ni aïeules, ou s'ils se trouvent tous dans l'impossibilité de manifester leur volonté, les fils ou filles mineurs de vingt et un ans ne peuvent contracter mariage sans le consentement du conseil de famille.

Cas dans lesquels le mariage est prohibé.

Art. 161.—En ligne directe, le mariage est prohibé entre tous les ascendants et descendants légitimes ou naturels et les alliés dans la même ligne.

Idem.

Art. 162.—En ligne collatérale, le mariage est prohibé entre le frère et la sœur légitimes ou naturels, et les alliés au même degré.

Cas dans lesquels le mariage est prohibé.

Art. 163.—Le mariage est encore prohibé entre l'oncle et la nièce, la tante et le neveu.

Dispenses.

Art. 164.—Néanmoins, il est loisible au Roi de lever, pour des causes graves, les prohibitions portées *par l'article* 162 *aux mariages entre beaux-frères et belles-sœurs; et par l'article* 163 *aux mariages entre l'oncle et la nièce, la tante et le neveu* (*Loi du* 16 *avril* 1832).

Mariages en pays étranger.

Art. 170.—Le mariage contracté en pays étranger entre Français, et entre Français et étrangers, sera valable, s'il a été célébré dans les formes usitées dans le pays, pourvu qu'il ait été précédé des publications prescrites par l'article 63 et que le Français n'ait point contrevenu aux dispositions contenues au chapitre précédent.

Nota. Ce chapitre contient les articles ci-dessus, depuis 144 inclusivement.

Idem.

Art. 171.—Dans les trois mois après le retour du Français sur le territoire français, l'acte de célébration du mariage contracté en pays étranger sera transcrit sur le registre public des mariages du lieu de son domicile.

Obligations qui naissent du mariage.

Art. 203.—Les époux contractent ensemble, par le fait seul du mariage, l'obligation de nourrir, entretenir et élever leurs enfants.

Dissolution du mariage.

Art. 227.—Le mariage se dissout : 1° par la mort

de l'un des époux ; 2° par le divorce légalement prononcé (1) ; 3° par la condamnation devenue définitive de l'un des époux à une peine emportant mort civile.

Des seconds mariages.

Art. 228.—La femme ne peut contracter un nouveau mariage qu'après dix mois révolus depuis la dissolution du mariage précédent.

Observation.—L'article 74 du Code civil fixe à six mois le temps de domicile de l'un des deux époux dans une commune pour y célébrer leur mariage, mais, comme un militaire, obligé de suivre ses drapeaux, peut se trouver pendant longtemps dans la nécessité de ne pas résider six mois de suite dans le même lieu, il suffira qu'il justifie qui est au corps depuis plus de six mois, et l'officier public en fera mention sur ses registres, ainsi que du temps depuis lequel le corps est en garnison dans la commune. S'il s'agit d'un officier sans troupe, il suffira qu'il justifie de la date de l'ordre qui l'a appelé, pour le service, dans la commune où il est.

Dans tous les cas, la publication devra aussi être faite dans la commune où était la dernière résidence, ainsi que dans celle où est le domicile des parents sous l'autorisation desquels on se marie.

Le décret du 16 juin 1808 porte :

Art. 1er.—Les officiers de tout grade (1) en activité de service, ne pourront à l'avenir se marier

(1) Loi du 8 mai 1816, art. 1er : « Le divorce est « aboli. »

(2) Le décret conservé aux Archives de la guerre, le *Bulletin des Lois* et le *Journal militaire* de l'époque portent : « Les officiers de tout GENRE. »

qu'après en avoir obtenu l'autorisation par écrit du Ministre de la guerre. Ceux d'entre eux qui auront contracté mariage sans cette permission, encourront la destitution, et la perte de leurs droits, tant pour eux que pour leurs veuves et leurs enfants, à toute pension ou récompense militaire.

Art. 2.—Les sous-officiers et soldats en activité de service ne pourront de même se marier qu'après en avoir obtenu la permission du conseil d'administration de leur corps.

Art. 3.—Tout officier de l'état civil qui, sciemment, aura célébré le mariage d'un officier, sous-officier ou soldat en activité de service, sans s'être fait remettre lesdites permissions, ou qui aura négligé de les joindre à l'acte de célébration du mariage, sera destitué de ses fonctions.

Mesures arrêtées par le Ministre de la guerre, pour l'exécution du décret du 16 juin 1808, concernant le mariage des militaires en activité de service.

1° Les lieutenants généraux adresseront directement leur demande au Ministre, en l'instruisant des prénoms, du nom et du domicile de la personne qu'ils désirent épouser; ils donneront des renseignements sur l'état des parents.

2° Les maréchaux de camp, les officiers de l'état-major ou sans troupe, les colonels, les intendants et sous-intendants militaires, remettront leur demande à leur supérieur immédiat, qui la fera parvenir avec son avis, en suivant la hiérarchie des grades, au commandant en chef de l'armée du corps d'armée ou de la division territoriale, et celui-ci la transmettra au Ministre de la guerre, avec son avis, d'après les renseignements qu'il aura dû prendre sur la famille, la réputation et la fortune de la personne indiquée.

3e Tous les officiers des corps remettront leur demande au colonel, ou, en son absence, au commandant du régiment, qui, en suivant également la hiérarchie des grades, la transmettra, avec son avis, au général sous les ordres duquel il se trouvera, pour être ensuite envoyée au Ministre.

Ces mesures sont également applicables aux intendants, sous-intendants militaires et adjoints, aux officiers de santé militaires de toutes classes et de tous grades. Les uns et les autres doivent obtenir la permission par écrit du Ministre de la guerre.

Les officiers de l'état civil devront donc veiller, avec le plus grand soin, à l'entière exécution de ces dispositions, et ne jamais passer outre à la célébration d'un mariage, sans s'être fait représenter l'une des permissions prescrites, et la joindre à l'acte de célébration.

SECTION PREMIÈRE.

DU MARIAGE DES MILITAIRES SUR LE TERRITOIRE FRANÇAIS.

Délai et mode des publications.

(*Code civil.*) Art. 63.—Avant la célébration du mariage, l'officier de l'état civil fera deux publications, à huit jours d'intervalle, un jour de dimanche, devant la porte de la maison commune. Ces publications et l'acte qui en sera dressé, énonceront les prénoms, noms, professions et domiciles des futurs époux, leur qualité de majeurs ou de mineurs, et les prénoms, noms, profession et domicile de leur père et mère. Cet acte énoncera, en outre, les jours, lieux et heures où les publications auront été faites.

Durée des affiches.

Art. 64.—Un extrait de l'acte de publication sera et restera affiché à la porte de la maison commune, pendant les huit jours d'intervalle de l'une à l'autre publication. Le mariage ne pourra être célébré avant le troisième jour, depuis et non compris celui de la seconde publication.

Temps après lequel on doit recommencer les publications.

Art. 65.—Si le mariage n'a pas été célébré dans l'année, à compter de l'expiration du délai des publications, il ne pourra plus être célébré qu'après que de nouvelles publications auront été faites dans la forme ci-dessus prescrite.

Par qui les oppositions au mariage peuvent être formées.

Art. 172.—Le droit de former opposition à la célébration du mariage appartient à la personne engagée par mariage avec l'une des deux parties contractantes.

Idem.

Art. 173.—Le père et, à défaut du père, la mère, et, à défaut de père et mère, les aïeuls et aïeules, peuvent former opposition au mariage de leurs enfants et descendants, encore que ceux-ci aient vingt-cinq ans accomplis.

Par qui les oppositions au mariage peuvent être formées.

Art. 174.—A défaut d'aucun ascendant, le frère ou la sœur, l'oncle ou la tante, le cousin ou la cousine germains, majeurs, ne peuvent former opposition que dans les deux cas suivants :

1° Lorsque le consentement du conseil de famille requis par l'article 160 n'a pas été obtenu ;

2° Lorsque l'opposition est fondée sur l'état de démence du futur époux. Cette opposition, dont le tribunal pourra prononcer mainlevée pure et simple, ne sera jamais reçue qu'à la charge par l'opposant de provoquer l'interdiction, et d'y faire statuer dans le délai qui sera fixé par le jugement.

Par qui les oppositions au mariage peuvent être formées.

Art. 175.—Dans les deux cas prévus par le précédent article, le tuteur ou curateur ne pourra, pendant la durée de la tutelle ou curatelle, former opposition qu'autant qu'il y aura été autorisé par un conseil de famille, qu'il pourra convoquer.

Forme de l'acte d'opposition.

Art. 176.—Tout acte d'opposition énoncera la qualité qui donne à l'opposant le droit de la former; il contiendra élection de domicile dans le lieu où le mariage devra être célébré; il devra également, à moins qu'il ne soit fait à la requête d'un ascendant, contenir les motifs de l'opposition : le tout à peine de nullité et de l'interdiction de l'officier ministériel qui aurait signé l'acte contenant opposition.

Actes d'opposition au mariage.

Art. 66.—Les actes d'opposition au mariage seront signés, sur l'original et sur la copie, par les opposants ou par leurs fondés de la procuration spéciale et authentique; ils seront signifiés, avec la copie de procuration, à personne ou au domicile des parties, et à l'officier de l'état civil, qui mettra son *visa* sur l'original.

Mention qui doit en être faite au registre.

Art. 67.—L'officier de l'état civil fera sans délai, une mention sommaire des oppositions sur le registre des publications; il fera aussi mention, en marge de l'inscription desdites oppositions, des jugements ou des actes de mainlevée dont expédition lui aura été remise.

Peines à encourir par l'officier de l'état civil en cas d'infraction.

Art. 68.—En cas d'opposition, l'officier de l'état civil ne pourra célébrer le mariage avant qu'on ne lui en ait remis la mainlevée, sous peine de trois cents francs d'amende et de tous dommages-intérêts.

Pièces à produire en cas de non-opposition.

Art. 69.—S'il n'y a point d'opposition, il en sera fait mention dans l'acte de mariage; et si les publications ont été faites dans plusieurs communes, les parties remettront un certificat, délivré par l'officier de l'état civil de chaque commune, constatant qu'il n'existe point d'opposition.

Moyen de suppléer au défaut d'acte de naissance.

Art. 70. — L'officier de l'état civil se fera remettre l'acte de naissance de chacun des futurs époux. Celui des époux qui serait dans l'impossibilité de se le procurer pourra le suppléer en rapportant un acte de notoriété délivré par le juge de paix du lieu de sa naissance ou par celui de son domicile.

Nature de l'acte demandé.

Art. 71.—L'acte de notoriété contiendra la déclaration faite par sept témoins de l'un ou de l'autre sexe, parents ou non parents, des prénoms, nom, profession et domicile du futur époux, et de ceux de ses père et mère, s'ils sont connus, le lieu et, autant que possible, l'époque de sa naissance, et les causes qui empêchent d'en rapporter l'acte. Les témoins signeront l'acte de notoriété avec le juge de paix; et s'il en est qui ne puissent ou ne sachent signer, il en sera fait mention.

Confirmation ou rejet dudit acte par le tribunal de première instance.

Art. 72.—L'acte de notoriété sera présenté au tribunal de première instance du lieu où doit se célébrer le mariage. Le tribunal, après avoir entendu le procureur du Roi, donnera ou refusera son homologation. selon qu'il trouvera suffisantes ou insuffisantes les déclarations des témoins et les causes qui empêchent de rapporter l'acte de naissance.

Consentement des père et mère.

Art. 73.—L'acte authentique du consentement des père et mère ou aïeuls et aïeules, ou, à leur défaut, de celui de la famille, contiendra les prénoms, noms, professions et domiciles du futur époux et de tous ceux qui auront concouru à l'acte, ainsi que leur degré de parenté.

Lieu où le mariage doit être célébré.

Art. 74.—Le mariage sera célébré dans la commune où l'un des deux époux aura son domicile. Ce domicile, quant au mariage, s'établira par six mois d'habitation continue dans la même commune.

Nota. Voir, aux observations ci-dessus, celles relatives à cet article.

Mode de célébration.

Art. 75.—Le jour désigné par les parties, après les délais des publications, l'officier de l'état civil, dans la maison commune, en présence de quatre témoins parents ou non parents, fera lecture aux parties des pièces ci-dessus mentionnées, relatives à leur état et aux formalités du mariage, et du chapitre VI du titre du mariage, sur les droits et les devoirs respectifs des époux. (*Voir ce chapitre à la suite de la présente instruction.*) Il recevra de chaque partie, l'une après l'autre, la déclaration qu'elles veulent se prendre pour mari et femme; il prononcera, au nom de la loi, qu'elles sont unies par le mariage, et il en dressera acte sur-le-champ.

Forme de l'acte.

Art. 76.—On énoncera dans l'acte de mariage:

1° Les prénoms, noms, professions, âge, lieux de naissance et domiciles des époux;

2° S'ils sont majeurs ou mineurs;

3° Les prénoms, noms, professions et domiciles des pères et mères;

4° Le consentement des pères et mères, aïeuls et aïeules, et celui de la famille, dans le cas où ils sont requis;

5° Les actes respectueux, s'il en a été fait :

6° Les publications dans les divers domiciles;

7° Les oppositions, s'il y en a eu, leur mainlevée, ou la mention qu'il n'y a point eu d'opposition;

Nota. On doit faire mention ici des permissions exigées des officiers, sous-officiers et soldats, par les décrets énoncés dans les observations qui précèdent cette section.

8° La déclaration des contractants de se prendre pour époux, et le prononcé de leur union par l'officier public;

9° Les prénoms, noms, âges, professions, domiciles des témoins, et leur déclaration s'ils sont parents ou alliés des parties, de quel côté et à quel degré.

SECTION II.

DU MARIAGE DES MILITAIRES HORS DU TERRITOIRE FRANÇAIS.

Observations. L'article 88 du Code civil porte que les actes de l'état civil faits hors du territoire français, concernant des militaires ou autres personnes employées à la suite des armées, seront rédigés dans les formes prescrites par les dispositions précédentes, sauf les exceptions contenues dans les articles suivants.

Les officiers appelés à remplir les fonctions de l'état civil devront donc se bien pénétrer des formalités exigées dans l'intérieur, et qui sont exposées dans la section précédente, ainsi que des dispositions et observations générales qui commencent le titre II. Ils n'y dérogeront que dans les cas prévus par la loi, et pour lesquels elle a admis des exceptions. Ils deviennent dès lors personnellement responsables de leur entière exécution, et la moindre infraction de leur part les exposerait aux peines prononcées à l'égard des officiers publics qu'ils représentent.

Délai pour les publications.

(*Code civil.*) Art. 94.—Les publications de mariage des militaires et employés à la suite des armées seront faites au lieu de leur dernier domicile; elles seront mises en outre, vingt-cinq jours avant la célébration du mariage, à l'ordre du jour du corps, pour les individus qui tiennent à un corps; et à celui de l'armée ou du corps d'armée, pour les officiers sans troupe et pour les employés qui en font partie.

Observations. Cet article fait exception aux articles 63 et 64, concernant le délai, le mode de publication et la durée des affiches dans l'intérieur :

il devra donc être seul suivi hors du territoire français, en observant cependant que les enfants de troupe n'ayant souvent pas eu d'autre domicile que sous les drapeaux, les publications faites dans l'endroit où se trouve le corps sont les seules exigibles à leur égard : quant aux autres militaires, ils devront déclarer quel a été leur dernier domicile, qui, à défaut de tout autre, sera censé être le lieu de leur naissance et de leur domicile ordinaire.

Nota. Voir, pour la rédaction des actes de mariage, le modèle n° 1, qui se trouve à la suite de cette Instruction.

Envoi d'une expédition de l'acte de mariage.

(Code civil.) Art. 95. — Immédiatement après l'inscription sur le registre de l'acte de célébration du mariage, l'officier chargé de la tenue du registre en enverra une expédition à l'officier de l'état civil du dernier domicile des époux.

Observations. Pour prévenir l'inexactitude des renseignements, les officiers de l'état civil dans les corps opèreront à cet égard ainsi qu'il est prescrit pour les actes de naissance ; ils transmettront cette expédition au conseil d'administration, qui, après l'avoir comparée à ses registres matricules, l'enverra à l'officier de l'état civil du dernier domicile du mari ; et quant à la femme, l'officier chargé de la tenue des registres pourra toujours prendre sa déclaration pour connaître son dernier domicile.

En général, tous les officiers remplissant, hors du territoire français, les fonctions d'officiers de l'état civil, observeront exactement si les qualités et conditions requises pour contracter mariage sont, dans les futurs époux, conformes en tout point au vœu de la loi ; ils se rappelleront surtout que la reconnaissance des enfants naturels (excepté le cas où elle serait faite par un individu non marié, au moment de la présentation de l'enfant pour constater sa naissance, et celui où deux personnes libres, en se mariant, reconnaîtraient les enfants qu'elles auraient eus précédemment, déclaration de reconnaissance que celui qui fait les fonctions d'officier public pour l'acte de mariage peut aussi recevoir et inscrire) (*voir, à cet égard, le modèle n° 1er à la suite de cette instruction*), que le désaveu fait par le père de l'enfant présenté sous son nom, sont des cas dont il ne leur est pas permis de connaître. Les parties devront, pour être autorisées à ces divers actes, et pour les faire, se mettre en instance devant les tribunaux compétents ; et ce n'est conséquemment que lors de leur rentrée sur le territoire français qu'elles pourront faire les diligences convenables, quels que soient d'ailleurs les droits qu'elles puissent avoir, et dont elles auront toujours pu faire des actes conservatoires.

TITRE III.

DU DÉCÈS DES MILITAIRES.

DISPOSITIONS GÉNÉRALES.

Lorsqu'un militaire appartenant à un corps viendra à décéder sur le territoire français, le juge de paix de l'arrondissement en sera aussitôt prévenu : il mettra le scellé sur les effets du décédé ; le scellé sera levé sous le plus bref délai, en présence d'un officier chargé par le conseil d'administration d'y assister et de signer le procès-verbal de désignation des effets ; la vente en sera faite avec les formalités requises par les lois, et le produit, déduction faite des frais qui seront constatés, remis au conseil d'administration, qui le déposera dans la caisse du corps, et restera responsable envers les héritiers du montant de la succession.

Si un militaire meurt hors du territoire, le chef du corps ou l'officier le plus élevé en grade, présent sur les lieux, commettra un officier pour apposer les scellés, qui seront ensuite levés, et la désignation des effets et leur vente faites comme il est dit ci-dessus.

A l'égard des scellés à apposer sur les effets des officiers généraux ou supérieurs, intendants et sous-intendants militaires, les juges de paix se conformeront, dans l'intérieur, aux dispositions prescrites par l'arrêté des consuls du 13 nivôse an x (1).

---

(1) *Décret de la Convention nationale, du 11 ventôse an* II, *relatif aux scellés apposés après le décès des citoyens dont les défenseurs de la patrie sont héritiers.*

La Convention nationale, après avoir entendu le rapport de son comité de législation, décrète :

Art. 1er. Immédiatement après l'apposition des scellés sur les effets et papiers délaissés par les pères et mères des défenseurs de la patrie, et autres parents dont ils sont héritiers, le juge de paix qui les a apposés en avertira ces héritiers, s'il sait à quel corps ou armée ils sont attachés, il en instruira pareillement le Ministre de la guerre, et le double de ses lettres sera copié à la suite de son procès-verbal, avant de le présenter à l'enregistrement, sans augmentation de droits.

Art. 2. Le délai d'un mois expiré, si l'héritier ne donne pas de ses nouvelles et n'envoie pas de procuration, l'agent national de la commune dans laquelle les père et mère seront décédés, convoquera sans frais, devant le juge de

Hors du territoire, les sous-intendants militaires seront chargés de l'apposition des scellés, et les

paix, la famille, et à son défaut, les voisins et amis, à l'effet de nommer un curateur à l'absent.

3. Ce curateur provoquera la levée des scellés, assistera à leur reconnaissance, pourra faire procéder à l'inventaire et vente des meubles, en recevoir le prix, à la charge d'en rendre compte, soit au militaire absent, soit à son fondé de pouvoirs.

4. Il administrera les immeubles en bon père de famille.

Arrêté relatif à l'apposition des scellés après le décès des officiers généraux ou supérieurs, des commissaires ordonnateurs, des inspecteurs aux revues et des officiers de santé.

Du 13 nivôse an x.

Les Consuls de la République, sur le rapport du Ministre de la guerre, le Conseil d'État entendu,

Arrêtent :

Art. 1er. Aussitôt après le décès d'un officier général ou officier supérieur de toute arme, d'un commissaire ordonnateur, inspecteur aux revues, officier de santé en chef des armées, retirés ou en activité de service, les scellés seront apposés sur les papiers, cartes, plans et mémoires militaires, autres que ceux dont le décédé est l'auteur, par le juge de paix du lieu du décès, en présence du maire de la commune ou de son adjoint, lesquels sont respectivement tenus d'en instruire, de suite, le général commandant la division militaire et le Ministre de la guerre.

Art. 2. Le général commandant la division nommera, dans les dix jours qui suivront, un officier pour être témoin à la levée des scellés et à l'inventaire des objets ci-dessus mentionnés.

Art. 3. Lors de l'inventaire de ces objets, ceux qui seront reconnus appartenir au Gouvernement, ou que l'officier nommé par le général commandant la division jugera devoir l'intéresser, seront inventoriés séparément et remis audit officier, sur son reçu. Il sera rendu compte au Mi-

chefs de l'état-major sont autorisés à commettre un officier d'état-major ou un officier particulier

---

nistre de la guerre de ceux de ces objets qui appartiendront en propre au décédé. L'estimation en sera faite, et la valeur en sera acquittée à qui de droit, sur les fonds affectés au dépôt de la guerre. Le surplus desdits objets provenant du défunt sera délivré de suite, et sans frais, à ses héritiers ou ayants droit; copies de l'inventaire et du reçu de l'officier seront adressées au Ministre de la guerre, qui veillera à ce que les objets ainsi recouvrés ou acquis soient remis, sans délai, dans les dépôts respectifs qui les concernent.

Art. 4. A l'égard des officiers décédés en campagne ou sur le champ de bataille, les commissaires des guerres exerceront les fonctions attribuées aux juges de paix par l'art. 1er; et les chefs de l'état-major sont autorisés à commettre un adjoint à l'état-major, ou un officier particulier. pour remplir les formalités énoncées aux art. 2 et 3 du présent arrêté; ils en informeront de suite le Ministre de la guerre.

Art. 5. Les Ministres de la justice et de la guerre sont chargés de l'exécution du présent arrêté, qui sera inséré au *Bulletin des Lois*.

Instruction pour l'exécution de l'arrêté des Consuls, du 13 nivôse an X, *relatif à l'examen des documents militaires laissés par les officiers supérieurs chefs de corps ou de service, et les intendants militaires décédés.*

Paris, le 20 février 1848.

DE L'APPOSITION DES SCELLÉS.

1° Aussitôt après le décès d'un officier général, d'un officier supérieur chef de corps ou de service, d'un intendant militaire, en retraite ou en activité de service, le maire en informe le juge de paix.

2° Toutefois, si l'autorité militaire est la première instruite du décès, ce qui arrive fréquemment pour les mili-

pour assister à la levée de ces scellés et à l'inventaire des effets du décédé.

---

taires en activité, elle s'empresse d'en donner avis au juge de paix.

3° Ce magistrat appose les scellés sur les papiers, cartes, plans et mémoires militaires, *autres que ceux dont le décédé est l'auteur*, et prévient le général commandant la division du jour où ces scellés sont levés.

4° Il appartient au juge de paix d'examiner quels sont, parmi les papiers du défunt, ceux qui doivent être mis sous scellés, et ceux qu'il convient d'en affranchir; il sera guidé dans cet examen par l'étude du catalogue ci-annexé; mais il ne saurait se dispenser de procéder à l'apposition des scellés, dès qu'il n'est pas évident pour lui qu'aucun des papiers du défunt ne peut être réclamé par le département de la guerre.

5° Lorsque l'apposition des scellés n'aura d'autre but que l'exécution de l'arrêté du 13 nivôse an x, l'administration de la guerre supportera seule les frais de l'opération, comme seule intéressée à son accomplissement.

6° Hors du territoire français, l'apposition des scellés est faite par les sous-intendants militaires, employés dans le pays occupé par l'armée.

DE LA LEVÉE DES SCELLÉS.

7° A la réception de l'avis du juge de paix, le général commandant la division désigne un officier pour assister à la levée des scellés et à l'inventaire des objets ci-dessus mentionnés.

8° Cette mission est confiée de préférence à un officier du corps royal d'état-major, s'il s'en trouve dans le lieu de la résidence du décédé ou à portée.

L'officier désigné procède à cette opération, en suivant de point en point le texte de l'article 3 de l'arrêté du 13 nivôse, an x.

9° Dans tous les cas, le général veille à ce qu'aucun

Lors de l'inventaire de ces objets, ceux qui seront reconnus appartenir au Gouvernement, ou

---

retard dans la levée des scellés ne provienne de l'autorité militaire.

DE L'EXAMEN DES DOCUMENTS SCELLÉS.

10° A la levée des scellés, l'officier délégué procède avec soin à l'examen et au tri des documents militaires.

11° Le choix de ces documents est déterminé d'après le catalogue ci-annexé.

12° Les objets ou documents reconnus appartenir au département de la guerre, ou qui seraient de nature à l'intéresser, sont inventoriés séparément, avec indication de ceux qui seraient la propriété particulière du décédé ; tous sont remis à l'officier délégué, dont le reçu est apposé sur l'inventaire.

13° Le général commandant la division adresse tous ces objets au Ministre de la guerre, avec ampliation de l'inventaire et du reçu de l'officier délégué.

14° Après examen, le Ministre ordonne le classement aux dépôts de la guerre, de l'artillerie, des fortifications ou dans les bureaux de l'administration centrale, de ceux de ces documents qui ont été reconnus bons à conserver. Il renvoie les autres à la famille.

15° Si parmi les premiers, il s'en trouve qui appartiennent en propre au décédé, le Ministre, après estimation à l'amiable, en fait acquitter la valeur à qui de droit.

DISPOSITIONS PARTICULIÈRES.

16° Lorsque le décédé est un officier supérieur de l'artillerie ou du génie, chef du service de son arme, l'officier délégué remet immédiatement au successeur provisoire, intérimaire au titulaire du décédé, les papiers, cartes, plans et mémoires qui se rattachent au service *local* de l'arme. L'inventaire spécial en est fait et signé par les deux officiers; une expédition de cet inventaire est jointe au rapport à envoyer au Ministre sur les résultats de l'opération.

17° Les dispositions de l'article 136 de l'instruction du

que l'officier désigné par le chef de l'état-major jugera devoir l'intéresser, seront inventoriés sépa-

---

7 juillet 1836, sur le service du génie, sont abrogées en ce qu'elles auraient de contraire à la présente instruction.

Approuvé :

20 février 1848.

Le Pair de France,
Ministre Secrétaire d'État de la guerre,
Trézel.

Catalogue *des pièces de toute nature à rendre au département de la guerre, après le décès des officiers généraux, des officiers supérieurs chefs de corps ou de service et des intendants militaires.*

(Cette notice ne comprend que les pièces de la période de 1790 à nos jours. Il doit être entendu que tous les papiers de même nature appartenant à des périodes antérieures seront pareillement recueillis. On a cru inutile d'allonger la nomenclature ci-contre, de pareils documents historiques ne devant se rencontrer que beaucoup plus rarement.)

1° Les arrêtés de l'Assemblée nationale ou constituante et la *correspondance* (*) de chacun de ses membres comme fonctionnaires, en original ou en copie.

2° Les arrêtés de l'Assemblée législative et la correspondance de chacun de ses membres comme fonctionnaires, en original, etc.

3° Les arrêtés de la Convention nationale et la correspondance de chacun de ses membres, en original, etc.

4° Les arrêtés du Comité de salut public et la correspondance de chacun de ses membres, en original, etc.

5° La correspondance des délégués du Comité de salut

(*) Par ce mot, on entend ici, comme dans tous les articles suivants, les lettres, soit politiques, soit militaires, soit administratives, reçues et adressées, tant en minute qu'en expédition.

rément et remis audit officier sur son reçu. Il sera rendu compte au Ministre de la guerre de ceux

---

public ou du représentant du peuple près les armées de la République avec le Comité lui-même, et pour tout ce qui se rattache à leurs fonctions, en original, etc.

6° La correspondance des comités central révolutionnaire, de défense, de sûreté générale et de surveillance à l'intérieur et celle particulière à chacun de leurs membres comme fonctionnaires, en original, etc.

7° La correspondance des douze commissaires institués par le comité de Salut public en remplacement des ministres, en original, etc.

8° La correspondance des membres du Conseil exécutif, en original, etc.

9° Les arrêtés du Directoire exécutif et la correspondance de chacun de ses membres comme fonctionnaires, en original, etc.

10° La correspondance des membres du conseil des Anciens, relative à leurs actes comme représentants, en original, etc.

11° La correspondance des membres du conseil des Cinq-Cents, relative à leurs actes comme représentants, en original, etc.

12° La correspondance des commissaires du Directoire près les départements et en Italie ou autres pays conquis, soit avec le Directoire, soit avec les généraux en chef ou autres des armées de la République, ministres, etc., en original, etc.

13° La correspondance des administrateurs des départements avec le Directoire, pour tout ce qui concerne leurs fonctions, en original, etc.

14° La correspondance des consuls de la République française près des cours étrangères avec le Directoire ou les généraux commandant les armées, corps d'armée, etc., en original, etc.

15° Les arrêtés et la correspondance des trois Consuls de la République, en original, etc.

16° Les arrêtés et la correspondance du Premier Consul

de ces objets qui appartiendront en propre au décédé. Le surplus desdits objets provenant du dé-

---

Bonaparte jusqu'à l'époque de son couronnement comme Empereur, en original, etc.

17° La correspondance de l'Empereur Napoléon, soit militaire, soit politique, soit administrative, tant pour l'intérieur que pour l'extérieur, en original, etc.

Tout ce qui porte, soit une signature, soit une annotation, soit un simple approuvé de l'Empereur.

18° La correspondance des souverains, princes ou alliés de la famille impériale, provenant de l'intérieur ou de l'extérieur, en original, etc.

19° La correspondance des souverains et princes étrangers, alliés ou ennemis de la France, en original, etc.

20° La correspondance du major général Alexandre Berthier, tant pour l'intérieur que pour l'extérieur, en original, etc.

21° La correspondance du Ministre de la guerre.

22° La correspondance des maréchaux de l'Empire, généraux commandants en chef, tant pour l'intérieur que pour l'extérieur, en original, etc.

23° La correspondance des généraux de division, généraux de brigade, de toutes armes, adjudants généraux, adjudants commandants, tant pour l'intérieur que pour l'extérieur, en original, etc.

24° La correspondance des colonels chefs d'état-major, colonels et chefs de corps de toutes armes, tant pour l'intérieur que pour l'extérieur, en original, etc.

25° La correspondance des commandants d'armes, de places, de postes, etc., tant pour l'intérieur que pour l'extérieur, en original, etc.

26° La correspondance des intendants généraux d'armée et intendants des provinces conquises ou alliées, en original, etc.

27° La correspondance des commissaires ordonnateurs en chef des guerres, commissaires ordonnateurs et ordinaires de guerres et adjoints, tant pour l'intérieur que pour l'extérieur, en original, etc.

funt sera délivré de suite et sans frais à ses héritiers ou ayants droit. Copies de l'inventaire et du reçu

---

28° La correspondance des inspecteurs en chef aux revues, inspecteurs, sous-inspecteurs et adjoints, tant pour l'intérieur que pour l'extérieur, en original, etc.

29° La correspondance des payeurs généraux d'armée, corps d'armée, payeurs divisionnaires et payeurs dans les places, tant pour l'intérieur que pour l'extérieur, en original, etc.

30° La correspondance des ministres ayant département et ministres d'Etat tant pour l'intérieur que pour l'extérieur, en original, etc.

31° La correspondance des directeurs généraux et sous-directeurs des différents services publics, secrétaires généraux, administrateurs généraux et autres, tant à l'intérieur qu'à l'extérieur, en original, etc.

32° La correspondance des préfets, sous-préfets, maires et adjoints, etc., etc.

33° La correspondance des ambassadeurs français à l'étranger, en original, etc.

34° La correspondance des chargés d'affaires français à l'étranger, en original, etc.

35° La correspondance des ambassadeurs étrangers, en original, etc.

36° La correspondance des chargés d'affaires étrangers, en original, etc.

37° La correspondance des officiers généraux et officiers de tout grade des armées alliées ou ennemies de la France, en original, etc.

38° La correspondance des officiers généraux et officiers de tout grade des armées étrangères, en original, etc.

39° Tous les registres de correspondance, d'ordres, etc., de quelque nature qu'ils soient, provenant des armées ou corps d'armée des places françaises ou places ennemies occupées par nos troupes, soit ceux provenant des armées, corps d'armée ennemis ou places occupées par leurs troupes.

40° Les bulletins d'armées, corps d'armée, corps expéditionnaires, manuscrits ou imprimés.

de l'officier seront de suite adressées au Ministre de la guerre, qui aura dû également être préalablement instruit du nom de cet officier.

41° Les ordres du jour d'armées, corps d'armée, corps expéditionnaires, manuscrits ou imprimés.

42° Les traités, conventions, capitulations, en original ou en copie, manuscrits ou imprimés.

43° Les procès-verbaux de remises de territoires et de places avec les états joints à ces procès-verbaux.

44° Les journaux d'opérations des armées, corps d'armée, corps expéditionnaires, divisions, brigades, etc., cartes, croquis ou calques joints à ces journaux d'opérations.

45° Les mémoires historiques des demi-brigades, régiments, bataillons, etc., cartes, croquis, calques, etc.

46° Les états de situation d'armées, corps d'armée, corps de troupe et fractions de corps de toutes armes, tant pour l'intérieur que pour l'extérieur, en original, etc.

47° Les tableaux d'organisation et de formation d'armées, corps d'armée, corps de troupe et fractions de corps de toutes armes, tant pour l'intérieur que pour l'extérieur.

48° Les registres de greffe, de Cours prévôtales, conseils de guerre, etc.; les libellés des jugements rendus et expéditions de ces jugements, soit imprimés, soit manuscrits,

Et subsidiairement :

Les mémoires accompagnés de leurs cartes, plans, croquis et calques; les précis, les notes, les reconnaissances, etc., se rapportant, soit à des projets non suivis d'exécution, inventions ou essais, soit à des faits accomplis, tant à l'intérieur qu'à l'extérieur, en Europe ou hors d'Europe, avec ou sans nom d'auteur, de quelque nature que soient ces documents et à quelque époque qu'ils appartiennent.

Enfin, toute pièce portant *timbre*, soit du ministère de la guerre, soit du dépôt général de la guerre, soit des cabinets topographiques de l'Empereur et du Roi, et qui, par conséquent, doivent faire retour à ces administrations.

APPROUVÉ : le 20 février 1848.

Le Pair de France,

Ministre Secrétaire d'Etat de la guerre, TRÉZEL.

Si les héritiers ne sont pas sur les lieux, ils seront de suite prévenus du décès par le sous-intendant militaire chargé de l'apposition des scellés, qui leur fera également passer copie de l'inventaire ; si les héritiers ne sont pas connus, ces renseignements seront donnés au juge de paix de l'arrondissement du lieu où est né le décédé : si, dans les délais jugés suffisants, leur réponse n'est

---

Le Ministre Secrétaire d'Etat de la guerre à MM. les Généraux commandant les divisions territoriales. (1re Direction (Personnel); Bureau de la Correspondance générale et Opérations militaires.)

Paris, le 26 mai 1857.

(*Au sujet des documents militaires devant faire retour à l'Etat, en vertu de l'arrêté du 13 nivôse an* x.)

Général, j'ai eu occasion de remarquer, en procédant à l'examen des papiers provenant des successions des officiers généraux, supérieurs, etc., et devant faire retour à l'Etat, en vertu de l'arrêté des consuls du 13 nivôse an x, que l'instruction du 20 février 1848, pour l'exécution dudit arrêté, n'était pas strictement suivie.

Il est arrivé très-fréquemment que des pièces ont dû être restituées aux familles, soit parce qu'elles n'offraient aucun intérêt pour le département de la guerre ni pour d'autres départements ministériels, soit parce qu'elles consistaient en des plans ou cartes qui se trouvent dans le commerce.

Je vous invite, en conséquence, à rappeler les officiers que vous déléguerez désormais, à l'exacte observation de toutes les dispositions de l'instruction du 20 février 1848 précitée dont vous trouverez ci-joint un exemplaire.

Recevez, etc.

Le Maréchal de France,
Ministre Secrétaire d'Etat de la guerre,
Signé : VAILLANT.

point parvenue, ou qu'elle n'indique pas une destination pour les effets non susceptibles d'être conservés, tels que chevaux, hardes et équipages, il sera procédé de suite à leur vente, et le montant en sera versé entre les mains du payeur de la division, ainsi que l'argent provenant de la succession, pour être transmis par lui à la caisse d'amortissement; les armes, décorations et autres effets du décédé seront déposés à l'état-major.

Dans tous les cas, aucun des objets appartenant à la succession d'un militaire décédé ne peut être remis qu'au porteur d'une procuration légale et authentique; et, s'il est seul, cette pièce devra énoncer qu'il agit au nom et comme représentant de la totalité des héritiers.

Ces différentes manières d'opérer ne doivent évidemment être mises en usage qu'autant qu'il n'existerait point de testament contenant des dispositions contraires : dans ce cas, on devrait se conformer ponctuellement aux intentions du testateur, et s'entendre pour l'exécution avec le juge de paix du lieu de naissance du décédé.

SECTION PREMIÈRE.

DU DÉCÈS DES MILITAIRES SUR LE TERRITOIRE FRANÇAIS.

Formalités qui doivent précéder l'inhumation.

(*Code civil.*) Art. 77. — Aucune inhumation ne sera faite sans une autorisation, sur papier libre et sans frais, de l'officier de l'état civil, qui ne pourra la délivrer qu'après s'être transporté auprès de la personne décédée, pour s'assurer du décès, et que vingt-quatre heures après le décès, hors les cas prévus par les règlements de police.

Mode d'exécution. — En conséquence de ces

dispositions, aussitôt qu'un militaire sera décédé à la caserne ou dehors, quel que soit le genre de sa mort, la déclaration en sera faite de suite à l'officier de l'état civil du lieu, pour qu'il puisse opérer conformément à la loi.

Comment et par qui la déclaration devra être faite.

(*Code civil.*) Art. 78. — L'acte de décès sera dressé par l'officier de l'état civil, sur la déclaration de deux témoins. Ces témoins seront, s'il est possible, les deux plus proches parents ou voisins, ou, lorsqu'une personne sera décédée hors de son domicile, la personne chez laquelle elle sera décédée, et un parent ou autre.

Mode d'exécution. — L'officier, quel que soit son grade, qui commandera la compagnie dont un militaire décédé faisait partie, sera tenu, après en avoir fait faire aussitôt la déclaration à l'officier de l'état civil, de veiller à ce que deux officiers ou sous-officiers, au moins un officier ou sous-officier et un soldat, se tiennent à portée de servir de témoins de l'acte à dresser par l'officier de l'état civil.

Forme de l'acte.

(*Code civil.*) Art. 79. — L'acte de décès contiendra les prénoms, nom, âge, profession et domicile de la personne décédée ; les prénoms et nom de l'autre époux, si la personne décédée était mariée ou veuve ; les prénoms, noms, âges, professions et domiciles des déclarants, et, s'ils sont parents, leur degré de parenté.

Le même acte contiendra de plus, autant qu'on pourra le savoir, les prénoms, noms, professions et domicile des père et mère du décédé, et le lieu de sa naissance.

Décès dans les hôpitaux de l'intérieur.

Art. 80. — En cas de décès dans les hôpitaux militaires, civils ou autres maisons publiques, les supérieurs, directeurs, administrateurs et maîtres de ces maisons seront tenus d'en donner avis, dans les vingt-quatre heures, à l'officier de l'état civil, qui s'y transportera pour s'assurer du décès, et en dressera l'acte conformément à l'article précédent, sur les déclarations qui lui auront été faites, et sur les renseignements qu'il aura pris.

Il sera tenu, en outre, dans lesdits hôpitaux et maisons, des registres destinés à inscrire ces déclarations et ces renseignements.

L'officier de l'état civil enverra l'acte de décès à celui du dernier domicile de la personne décédée, qui l'inscrira sur ces registres.

Observations. A l'égard des hôpitaux militaires, les directeurs des hôpitaux remettront tous les mois un extrait dudit registre au sous-intendant militaire, qui l'adressera au Ministre de la guerre avec une double expédition de l'acte de mort.

Le numéro que chaque militaire décédé avait sur le registre matricule de son corps sera soigneusement relaté sur lesdits extraits.

Quant aux militaires décédés dans les autres hôpitaux et maisons publiques, l'officier de l'état civil devra envoyer deux doubles de l'acte du décès au Ministre de la guerre, par l'intermédiaire du sous-intendant militaire. Il aura soin d'y relater également le numéro du registre matricule qu'il aura trouvé sur le billet d'entrée ou sur les autres papiers du militaire (1).

---

(1) Consulter les articles 727 à 738 du Règlement du 1er avril 1831, sur les hôpitaux militaires.

Mort violente.

(*Code civil.*) Art. 81.—Lorsqu'il y aura des signes ou indices de mort violente, ou d'autres circonstances qui donneront lieu de le soupçonner, on ne pourra faire l'inhumation qu'après qu'un officier de police, assisté d'un docteur en médecine ou en chirurgie, aura dressé procès-verbal de l'état du cadavre et des circonstances y relatives, ainsi que des renseignements qu'il aura pu recueillir sur les prénoms, nom, âge, profession, lieu de naissance et domicile de la personne décédée.

Envoi du procès-verbal à l'officier de l'état civil.

Art. 82. — L'officier de police sera tenu de transmettre de suite à l'officier de l'état civil du lieu où la personne sera décédée tous les renseignements énoncés dans son procès-verbal, d'après lesquels l'acte de décès sera rédigé.

L'officier de l'état civil en enverra une expédition à celui du domicile de la personne décédée, s'il est connu ; cette expédition sera inscrite sur les registres.

Mode d'exécution.—Un double de cet acte sera remis au corps dont faisait partie le militaire décédé, s'il se trouve sur les lieux. Le conseil d'administration dudit corps en fera faire mention sur ses registres matricules, ainsi que sur les états de mutations qu'il doit adresser chaque mois au Ministre de la guerre.

Si le corps avait changé de position, l'officier de l'état civil enverrait directement cette expédition au Ministre.

Décès dans les prisons.

(*Code civil.*) Art. 84. — En cas de décès dans

les prisons ou maisons de reclusion ou de détention, il en sera donné avis sur-le-champ, par les concierges ou gardiens, à l'officier de l'état civil, qui s'y transportera comme il est dit en l'art. 80, et rédigera l'acte de décès.

Mode d'exécution.—Une expédition de cet acte de décès sera adressée au lieu du dernier domicile du décédé, et une autre au Ministre de la guerre, ainsi qu'il est prescrit plus haut pour tous les actes de mort en général.

Mort violente, décès dans les prisons et exécution à mort.

(*Code civil.*) Art. 85. — Dans tous les cas de mort violente, ou de décès dans les prisons et maisons de reclusion, ou d'exécution à mort, il ne sera fait sur les registres aucune mention de ces circonstances, et les actes de décès seront simplement rédigés dans les formes prescrites par l'art. 79.

Observations.— La mort violente comprend le duel et le suicide : il ne doit donc en être fait aucune mention dans les actes de décès ; ils énonceront seulement qu'un tel est mort, tel jour, à tel endroit.

Le commissaire près un tribunal militaire, qui aura requis l'exécution à mort en vertu d'un jugement, sera tenu d'envoyer, dans les vingt-quatre heures de l'exécution, le procès-verbal qu'il en aura dressé, au conseil d'administration du corps auquel appartenait le condamné, et le décès sera relaté tant sur les registres matricules que sur les états de mutations, sans faire mention du genre de mort.

Ce commissaire enverra aussi, dans les vingt-quatre heures de l'exécution des jugements portant peine de mort, à l'officier de l'état civil du lieu où le condamné aura été exécuté, tous les renseignements énoncés en l'art. 79, d'après lesquels l'acte de décès sera rédigé.

Les conseils d'administration des corps dans l'intérieur veilleront à ce que les formalités exigées par la loi pour constater le décès des militaires soient strictement exécutées ; ils ne négligeront rien, surtout pour qu'il ne se commette que le moins possible des erreurs de nature à faire naître des doutes sur l'identité des individus, et ils auront soin de relater toujours sur leurs registres matricules, et sur les états de mutations, la date et le lieu de la mort des militaires.

SECTION II.

DU DÉCÈS DES MILITAIRES ET EMPLOYÉS DE L'ARMÉE HORS DU TERRITOIRE.

Art. 96. — Les actes de décès seront dressés, dans chaque corps, par le quartier-maître, et pour les officiers sans troupe et les employés, par l'inspecteur aux revues de l'armée (1), sur l'attestation de trois témoins, et l'extrait de ces registres sera envoyé, dans les dix jours, à l'officier de l'état civil du dernier domicile du décédé (2).

Observations.— L'officier remplissant les fonctions de l'état civil observera que cet article fait exception, quant au nombre de témoins, à l'art. 78,

(1) Voir l'extrait de l'ordonnance du 29 juillet 1817.

(2) Le Ministre est d'avis que le délai de *dix jours* s'applique seulement à l'envoi de l'extrait, mais que le décès peut être constaté à telle époque que ce soit, du moment qu'il se présente le nombre de témoins voulus par la loi. (Solution du Ministre de la justice, du 6 septembre 1813.)

qui n'en exige que deux dans l'intérieur. C'est donc sur l'attestation de trois témoins qu'il devra rédiger les actes de décès, en se conformant d'ailleurs aux autres formalités précédemment indiquées.

Pour les militaires appartenant à un corps, lesdits extraits de mort seront envoyés à l'officier de l'état civil du dernier domicile du décédé, et au Ministre de la guerre par l'intermédiaire du conseil d'administration, après qu'ils auront été relatés sur les registres matricules. Il devra aussi en être fait mention dans les états de mutations qu'il doit adresser chaque mois.

A l'égard des militaires tués sur le champ de bataille, l'officier de l'état civil se fera rendre compte, à la suite de chaque action, par les sergents-majors des compagnies, du nom des militaires manquants. Il fera appeler ensuite, pour chaque individu, les trois témoins voulus par la loi, et qui attesteront les causes de l'absence ; il constatera par ce moyen, par des actes séparés, la mort ou la prise par l'ennemi des hommes absents, et, après avoir établi les actes de décès, il en enverra des extraits, conformément aux dispositions ci-dessus énoncées.

Nota. Voir, pour la rédaction de ces actes et extraits, les modèles nos 3 et 5, qui se trouvent à la suite de cette Instruction.

L'officier de l'état civil, avant de rédiger un acte de décès, doit requérir les témoins qu'il sait exister s'ils ne se présentent pas volontairement ; et, en cas de refus de comparaître, il doit avoir recours à l'autorité supérieure pour les y contraindre.

L'intendant militaire attaché au grand quartier général et celui de chaque corps d'armée, ou, à défaut de l'un d'eux, le sous-intendant qui le remplace, doivent en principe remplir les fonctions d'officier de l'état civil, seulement pour les officiers sans troupe et les employés de leurs corps d'armée respectifs.

Cependant, s'il arrivait que quelque officier sans troupe ou agent civil vînt à mourir étant momentanément employé à un autre corps d'armée que le sien, l'acte de son décès devrait, dans ce cas, être rédigé par l'intendant ou sous-intendant militaire du corps d'armée où il se trouvait alors, et copie de cet acte serait adressée à l'intendant militaire de son ancien corps, qui, en transcrivant cette pièce sur son registre, ferait mention des causes qui auraient donné lieu à cette manière d'opérer.

(*Code civil.*) Art. 97. — En cas de décès dans les hôpitaux militaires, ambulants ou sédentaires, l'acte en sera rédigé par le directeur desdits hôpitaux, et envoyé au quartier-maître du corps, ou à l'inspecteur aux revues de l'armée ou du corps d'armée dont le décédé faisait partie. Ces officiers en feront parvenir une expédition à l'officier de l'état civil du dernier domicile du decédé (1).

Observations. Les directeurs des hôpitaux, chargés de rédiger les actes de décès, devront se conformer, quant au nombre des témoins, aux dispositions prescrites par l'art. 96 du Code civil. L'extrait du registre que doivent tenir les directeurs des hôpitaux sera, en outre, remis chaque mois, en double expédition, au sous-intendant

---

(1) (*Code civil.*) Art. 98. L'officier de l'état civil du domicile des parties, auquel il aura été envoyé de l'armée expédition d'un acte de l'état civil, sera tenu de l'inscrire de suite sur les registres.

militaire, qui fera de suite passer au Ministre ces deux actes mortuaires, avec un bordereau nominatif pour chaque hôpital.

Dans le cas où, pendant un mois, il n'y aurait eu aucun décès dans un hôpital, le sous-intendant militaire qui en a la police aurait soin d'adresser au Ministre un état négatif. Les officiers de l'état civil auront soin de réclamer des directeurs des hôpitaux, et particulièrement des hôpitaux ambulants, les actes de décès des individus qu'ils sauraient y avoir été transportés.

Ils relateront le genre de mort dans les actes de décès relatifs aux individus morts sur le champ de bataille, ou des suites de blessures reçues en combattant l'ennemi, ou de maladies provenant des fatigues de la guerre, ou enfin morts de maladies ordinaires, et dont le genre sera spécifié par les officiers de santé.

Les événements de la guerre empêchent souvent de réunir le nombre de témoins nécessaire pour constater le décès d'un militaire, ou de le faire dans les délais exigés, ou enfin de se conformer, dans la rédaction de l'acte, à toutes les dispositions prescrites par la loi. On ne doit pas néanmoins négliger de le dresser, en ayant soin d'indiquer, dans cette pièce, les irrégularités qui s'y trouvent et les motifs qui se sont opposés à ce qu'on y apportât plus d'exactitude, afin que, dans aucun temps, ce défaut de forme ne puisse être considéré comme un oubli. Ces espèces d'actes deviennent pour les familles un commencement de preuve, et les tribunaux fixent ensuite les degrés de valeur qu'on doit y donner (1).

---

(1) Voir la décision ministérielle du 12 juin 1857, relative aux actes de disparition (*Journal militaire*, p. 444).

En principe général, on ne doit jamais manquer de constater le décès d'un individu mort à l'armée, indépendamment de toutes les circonstances, puisque la pièce qui en résultera, et dont la non-existence serait irréparable, peut un jour obtenir de la sanction des tribunaux un caractère légal, et devenir alors un titre positif.

Les officiers de l'état civil ne doivent cependant pas conclure de cette observation qu'il est quelquefois permis de ne pas s'astreindre à toutes les formalités prescrites par la loi : les moyens indiqués ci-dessus ne peuvent être employés que dans une nécessité absolue ; et la responsabilité des officiers serait gravement compromise, si la rédaction d'une pièce de cette nature donnait lieu de découvrir que quelque défaut dans les formes peut être attribué à leur négligence ou au peu d'efficacité des moyens dont ils auraient cru devoir se servir. C'est par cette raison qu'ils doivent toujours avoir le soin d'énoncer, d'une manière claire et détaillée, les motifs qui les ont empêchés de se conformer en tout point aux dispositions prescrites par les différents articles du Code civil.

TITRE IV.

DES TESTAMENTS DES MILITAIRES.

(*Code civil.*) Art. 981.—Les testaments des militaires et des individus employés dans les armées pourront, en quelque pays que ce soit, être reçus par un chef de bataillon ou d'escadron, ou par tout autre officier d'un grade supérieur, en présence de deux témoins ou par deux commissaires des guerres, ou par un de ces commissaires, en présence de deux témoins.

Art. 982.— Ils pourront encore, si le testateur est malade ou blessé, être reçus par l'officier de santé en chef, assisté du commandant militaire chargé de la police de l'hospice (1).

Art. 983. — Les dispositions des articles ci-dessus n'auront lieu qu'en faveur de ceux qui seront en expédition militaire, ou en quartier, ou en garnison hors du territoire français, ou prisonniers chez l'ennemi, sans que ceux qui seront en quartier, ou en garnison dans l'intérieur, puissent en profiter, à moins qu'ils ne se trouvent dans une place assiégée, ou dans une citadelle et autres lieux dont les portes soient fermées et les communications interrompues à cause de la guerre.

Art. 984.—Le testament fait dans la forme ci-dessus établie sera nul six mois après que le testateur sera revenu dans un lieu où il aura la liberté d'employer les formes ordinaires.

Art. 998.—Les testaments compris dans les articles ci-dessus seront signés par les testateurs et par ceux qui les auront reçus.

Si le testateur déclare qu'il ne sait ou ne peut signer, il sera fait mention de sa déclaration, ainsi que de la cause qui l'empêche de signer.

Dans les cas où la présence de deux témoins est requise, le testament sera signé au moins par l'un d'eux, et il sera fait mention de la cause pour laquelle l'autre n'aura pas signé.

Art. 999. — Un Français, qui se trouvera en pays étranger, pourra faire ses dispositions testa-

---

(1) Voir, ci-après, p. 81, l'art. 725 du Règlement 1831, sur les hôpitaux militaires.

mentaires par acte sous signature privée, ainsi qu'il est prescrit en l'art. 970 (cité ci-après), ou par acte authentique, avec les formes usitées dans le lieu où cet acte sera passé.

Art. 1000.—Les testaments faits en pays étranger ne pourront être exécutés sur les biens situés en France qu'après avoir été enregistrés au bureau du domicile du testateur, s'il en a conservé un, sinon, au bureau de son dernier domicile connu en France, et dans le cas où le testament contiendrait des dispositions d'immeubles qui y seraient situés, il devra être, en outre, enregistré au bureau de la situation de ces immeubles, sans qu'il puisse être exigé un double droit.

Extrait de diverses dispositions du Code civil relatives aux testaments.

Un testament ne pourra être fait dans le même acte par deux ou plusieurs personnes, soit au profit d'un tiers, soit à titre de dispositions réciproques et mutuelles (art. 968).

Le testament olographe ne sera point valable s'il n'est écrit en entier, daté et signé de la main du testateur; il n'est assujetti à aucune autre forme (art. 970).

Le testament par acte public devra être signé par les témoins. On ne pourra recevoir en cette qualité, ni les légataires, à quelque titre qu'ils soient, ni les parents ou alliés du testateur jusqu'au quatrième degré inclusivement, ni les commis ou délégués de l'individu par lequel les actes seront reçus. Les témoins devront être mâles et majeurs (art. 974 et 975).

Il doit être donné lecture au testateur de son

testament en présence des témoins, et mention expresse en sera faite dans l'acte (art. 972).

Les docteurs en médecine et en chirurgie, les officiers de santé et les pharmaciens qui auront traité un militaire ou toute autre personne employée à la suite de l'armée, pendant la maladie dont elle meurt, ne pourront profiter des dispositions entre-vifs ou testamentaires faites en leur faveur pendant le cours de cette maladie.

La même règle sera observée à l'égard des ministres du culte.

Ne sont cependant pas interdites les dispositions rémunératoires faites à titre particulier, eu égard aux facultés du disposant et aux services rendus (art. 909).

Les formalités auxquelles les divers testaments sont assujettis doivent être observées à peine de nullité (art. 1001).

Mesures arrêtées pour l'envoi des testaments, et instruction sur la destination à donner à ces actes, ainsi que sur l'usage qu'il convient d'en faire pour qu'ils soient mis à exécution.

1° Aussitôt après le dépôt des testaments des militaires, des agents ou employés des administrations militaires dans les armées hors du territoire français, les fonctionnaires autorisés à recevoir ces sortes d'actes, conformément aux art. 981 et 982 du Code civil, devront les transmettre, par la première voie sûre, à l'intendant général de l'armée, lequel saisira pareillement la première occasion convenable pour en faire l'envoi au Ministre de la guerre;

2° Après la réception de ces actes, le Ministre en fera faire le dépôt au greffe de la justice de paix du lieu du dernier domicile du testateur, dont l'officier qui aura reçu le testament aura toujours grand soin de s'informer ;

3° Les dépôts successifs mentionnés aux deux articles précédents seront faits, clos ou cachetés, avec une enveloppe portant pour suscription les nom, prénoms, qualités et fonctions du testateur, et, autant que possible, l'indication du lieu de son dernier domicile en France ;

4° Avant la mort du testateur et l'ordonnance rendue par le président du tribunal de première instance du lieu du dernier domicile du décédé, il ne pourra être donné communication de ses dispositions testamentaires, même aux parties intéressées ;

5° Le sous-intendant militaire ou l'officier qui aura rédigé l'acte contenant les dernières volontés d'un militaire ou d'un employé à la suite des armées devra, aussitôt après la mort du testateur et le dépôt du testament, en donner avis, quand il se trouvera à portée de le faire, aux personnes qu'il saura y avoir intérêt, pour qu'elles aient à se mettre en règle à cet égard.

TITRE V.

DES MILITAIRES EMBARQUÉS.

Actes de naissance.

(*Code civil.*) Art. 59.—S'il naît un enfant pendant un voyage de mer, l'acte de naissance sera dressé dans les vingt-quatre heures, en présence du père, s'il est présent, et de deux témoins pris parmi les officiers du bâtiment, ou, à leur défaut, parmi les hommes de l'équipage. Cet acte sera rédigé, savoir : sur les bâtiments du roi, par l'officier d'administration de la marine ; et sur les bâtiments appartenant à un armateur ou négociant, par le capitaine, maître ou patron du navire. L'acte de naissance sera inscrit à la suite du rôle d'équipage.

Actes de mort.

Art. 86.— En cas de décès pendant un voyage de mer, il en sera dressé acte dans les vingt-quatre heures, en présence de deux témoins pris parmi les officiers du bâtiment, ou, à leur défaut, parmi les hommes de l'équipage. Cet acte sera rédigé, savoir : sur les bâtiments du roi, par l'officier d'administration de la marine ; et sur les bâtiments appartenant aux négociants ou armateurs, par le capitaine, maître ou patron du navire. L'acte de décès sera inscrit à la suite du rôle de l'équipage.

Testaments.

Art. 988.— Les testaments faits sur mer, dans le cours d'un voyage, pourront être reçus, savoir :

A bord des vaisseaux et autres bâtiments du roi, par l'officier commandant le bâtiment, ou, à son défaut, par celui qui le supplée dans l'ordre du service, l'un ou l'autre conjointement avec l'officier d'administration, ou avec celui qui en remplit les fonctions ;

Et à bord des bâtiments de commerce, par l'écrivain du navire, ou celui qui en fait les fonctions, l'un ou l'autre conjointement avec le capitaine, le maître ou patron, ou, à leur défaut, par ceux qui les remplacent.

Dans tous les cas, ces testaments devront être reçus en présence de deux témoins.

Art. 994.— Le testament ne sera point réputé fait en mer, quoiqu'il l'ait été dans le cours du voyage, si, au temps où il a été fait, le navire avait abordé une terre, soit étrangère, soit de la domination française, où il y aurait un officier public français : auquel cas il ne sera valable qu'autant qu'il aura été dressé suivant les formes prescrites en France, ou suivant celles usitées dans le pays où il aura été fait.

Art. 995. — Les dispositions ci-dessus seront communes aux testaments faits par les simples passagers qui ne feront point partie de l'équipage.

Art. 996. — Le testament fait sur mer, en la forme prescrite par l'art. 988, ne sera valable qu'autant que le testateur mourra en mer, ou dans les trois mois après qu'il sera descendu à terre, et dans un lieu où il n'aura pu le refaire dans les formes ordinaires.

Art. 997.—Le testament fait sur mer ne pourra contenir aucune disposition au profit des officiers du vaisseau, s'ils ne sont parents du testateur.

Observations.—Tous les testaments, autres que ceux olographes, doivent être signés par le testateur, par ceux qui les auront reçus et par les témoins.

Si quelqu'un d'eux ne sait ou ne peut signer, il sera fait mention de sa déclaration et de la cause qui l'empêche de signer.

Le Code civil impose des obligations particulières aux officiers de marine chargés de recevoir les différents actes mentionnés ci-dessus : c'est donc eux seuls que regarde leur destination ultériere, ainsi que le soin et le mode de leur conservation.

Les officiers d'aucun grade des troupes de terre ne sont, sur mer, chargés, dans aucun cas, de remplir les fonctions d'officier de l'état civil ; mais le commandant de chaque détachement devant toujours avoir un contrôle nominatif de la troupe qui est sous ses ordres, il aura soin d'y noter les mutations de toute nature, afin qu'on puisse les rapporter sur les registres matricules du corps, et ensuite sur les états à fournir au Ministre.

DISPOSITIONS GÉNÉRALES.

Art. 1er.—Les dispositions relatives aux militaires hors du territoire français sont applicables non-seulement à ceux réunis en corps d'armée au delà des frontières du royaume, ou qui y sont employés dans des corps détachés, mais aussi aux corps qui, dans un cas d'invasion ou de révolte, se trouveraient dans l'impossibilité de recourir aux officiers publics ordinaires, pour constater le décès des militaires qui seraient morts sur le champ de bataille, ou pour faire divers actes relatifs à l'état civil. Dans tous les autres cas, les militaires sont assujettis aux mêmes lois que le reste des citoyens. (1)

---

(1) En Algérie et en territoire militaire, les fonctions judiciaires peuvent être exercées dans chaque localité par un juge de paix, ou, à son défaut, par le commandant de place ou tout autre officier désigné par le commandant de la division.

Les fonctions civiles peuvent être remplies par le commandant de place ou par un maire nommé par le gouver-

A l'égard de l'envoi qui doit être fait au dernier domicile des parties des actes de naissance (1), de

neur général avec délégation spéciale des attributions d'officier de l'état civil et d'officier de police judiciaire (Arrêté du Chef du Pouvoir exécutif du 16 décembre 1848, *Journal militaire*, p. 345).

(1) ***Dispositions relatives aux demandes d'expéditions d'actes de naissance adressées aux procureurs du roi, par les conseils d'administration des corps et compagnies de gendarmerie.***

Paris, le 27 septembre 1839.

Messieurs, la circulaire ministérielle du 21 septembre 1837 (*) a fait connaître que les demandes d'expéditions d'actes de naissance adressées, d'office, à MM. les procureurs du roi, par les conseils d'administration des corps et compagnies de gendarmerie, devaient être accompagnées d'un bon sur la poste, équivalent aux droits d'expédition (sur papier libre) et de légalisation.

J'ai lieu de croire que cette prescription n'a pas cessé d'être observée dans les cas dont il s'agit. Cependant il m'a été représenté que plusieurs demandes étaient restées sans réponse, probablement parce que les procureurs du roi n'ont point reçu d'instruction qui les autorise spécialement à y déférer.

D'un autre côté, des incertitudes se sont élevées sur le taux des honoraires attribués aux greffiers, pour les expéditions qu'ils délivrent.

M. le garde des sceaux, que j'ai dû entretenir de cette double question, a bien voulu me répondre :

1° Qu'il était prêt à adresser aux magistrats du ministère public les recommandations nécessaires pour que la mesure concertée, dès 1837, avec son département, reçoive désormais partout une entière et facile exécution;

(*) Voir 2e semestre 1838, n° 48, page 340.

mariage et de décès concernant des militaires hors du territoire français, ce dernier domicile doit être

---

2° Que les droits d'expédition des actes de naissance demeureraient fixés conformément aux articles 1er, 2 et 3 du décret du 12 juillet 1807, qui se trouve inséré au *Bulletin des Lois* (4e série, tome 6e, page 325).

3° Que l'article 14 de la loi du 21 ventôse an VII attribue aux greffiers un droit de 25 centimes pour chaque légalisation d'officiers publics.

Ainsi le coût des expéditions, sur papier libre, réclamées d'office, doit s'élever, savoir :

	EXPÉDITION.	LÉGALISATION.	TOTAL.
Pour Paris.	0f 75c	0f 25c	1f 00c
Pour les villes de 50,000 âmes et au-dessus. . .	0 50	0 25	0 75
Pour les autres communes.	0 30	0 25	0 55

J'ai cru devoir prier en même temps M. le garde des sceaux de me faire connaître s'il ne lui paraîtrait pas préférable que les demandes fussent adressées directement aux greffiers. Voici son opinion à cet égard, et elle devra être prise pour règle à l'avenir.

« Il faut distinguer, dit-il. Il n'est pas douteux que les « militaires qui réclament eux-mêmes leur acte de nais- « sance pour en justifier, à l'appui de leur demande d'ad- « mission, doivent s'adresser directement aux greffiers : « ils n'ont, en effet, aucune qualité pour réclamer l'inter- « vention du procureur du roi.

« Mais, lorsque cet acte est demandé par le conseil d'ad- « ministration du corps, je ne vois pas d'inconvénients à « ce que ce conseil s'adresse au procureur du roi, et cet « intermédiaire me paraît même d'autant plus nécessaire « qu'il peut assurer à ces actes l'exemption du timbre que

le lieu de naissance de l'individu, à moins d'une déclaration contraire.

Art. 2. — Quant aux militaires qui mourraient prisonniers de guerre, les actes en seront rédigés dans les formes usitées dans les pays où ils viendraient à décéder. Comme ils se trouvent alors éloignés de leurs drapeaux, l'art. 47 du Code civil leur est applicable sous tous les rapports ; il porte que tout acte de l'état civil des Français et des étrangers, fait en pays étranger, fera foi, s'il a été rédigé dans les formes usitées dans ledit pays.

Une lettre du Ministre de la guerre, du 23 fructidor an IX, prescrit en outre aux conseils d'administration des corps de recevoir la déclaration des prisonniers de guerre rentrants, sur le sort des individus en captivité avec eux, et de la mort de qui ils pourraient avoir été témoins.

Il devra être dressé procès-verbal de ces déclarations pour chacun des militaires dont on parviendra, par ce moyen, à connaître le décès. Ce procès-verbal sera dressé à l'état-major par l'intendant ou sous-intendant militaire ; aux bataillons ou escadrons de guerre, par l'officier remplissant les fonctions d'officier de l'état civil, et aux dépôts des

---

« l'article 16 de la loi du 21 ventôse an VII n'accorde « qu'aux actes de police générale ou aux extraits qui sont « demandés par une administration publique, ou par un « fonctionnaire public à un autre fonctionnaire ou une autre « administration. »

Veuillez, Messieurs, vous conformer aux dispositions qui précèdent, dans l'exécution des mesures dont le principe a été arrêté par la circulaire du 21 septembre 1837.

Recevez, etc.

corps, par le trésorier; il pourra, en cas de nécessité absolue, l'être encore par tous ceux désignés dans cette instruction, comme destinés à suppléer au besoin les officiers de l'état civil. Il sera signé par les témoins, par celui qui l'aura rédigé, certifié par le conseil d'administration et visé par le sous-intendant militaire.

A défaut d'acte légal, cette pièce pourra devenir un titre authentique, après que les parties intéressées auront obtenu, à cet égard, la sanction des tribunaux.

Il devra toujours être envoyé de suite au Ministre une copie de ces procès-verbaux.

Art. 3.—Dans le cas où un militaire, hors du territoire français, laisserait en mourant, dans le corps dont il ferait partie, un ou plusieurs enfants, sans que leur mère fût présente, le conseil d'administration nommera de suite, parmi les officiers dudit corps, un tuteur temporaire, dont les fonctions se borneront à régler provisoirement les intérêts du mineur avec le corps. Cet officier se hâtera de prévenir la famille du décès du père de l'enfant, afin que, conformément aux lois, il puisse lui être nommé un tuteur dans le plus court délai. Aussitôt la nomination de ce dernier, les fonctions du tuteur temporaire seront terminées de droit, après cependant qu'il aura rendu les comptes que pourraient nécessiter sa gestion.

Art. 4.—Les art. 2 et 3 de la loi du 16 fructidor an II, additionnelle à celle du 11 ventôse, portent que les militaires qui se trouveront en pays ennemi ou au bivouac, à défaut de notaire pour recevoir leur procuration, pourront s'adresser au conseil d'administration du corps auquel ils appartiennent, et qu'il suffira que cette procuration soit signée par les membres du conseil d'administration et revêtue du sceau du corps (1).

---

(1) *Ordonnance du roi concernant la délivrance des certificats de vie aux rentiers viagers et pensionnaires de l'Etat domiciliés dans les colonies ou servant dans les armées françaises.*

Au château des Tuileries, le 24 janvier 1816.

LOUIS, par la grâce de Dieu, Roi de France et de Navarre ;

Sur le rapport de notre Ministre Secrétaire d'Etat des finances ;

Le conseil d'Etat entendu,

Avons ordonné et ordonnons ce qui suit :

ART. 1er. Les certificats de vie des rentiers viagers et des pensionaires de l'Etat domiciliés dans nos colonies seront délivrés par les notaires, à la charge par ceux-ci de se conformer aux dispositions du décret du 21 avril 1806 et au modèle ci-annexé.

2. Les certificats de vie des militaires servant dans nos armées, qui jouissent de rentes viagères ou de pensions, ou sur la tête desquels reposent des rentes viagères, continueront à être délivrés par les conseils d'administration des corps ou officiers en remplissant les fonctions, pour les militaires en troupe, et par les inspecteurs ou sous-inspecteurs aux revues, pour les officiers sans troupe et les employés des armées, en se conformant au modèle ci-joint.

Nos Ministres Secrétaires d'Etat aux départements de la guerre, de la marine et des colonies, et des finances, sont chargés de l'exécution de la présente ordonnance.

Donné au château des Tuileries, le 24 janvier, l'an de grâce 1816, et le vingt-unième de notre règne.

MODÈLE *de certificat de vie à délivrer par les notaires dans les colonies.*

JE soussigné, notaire à , certifie que (*mettre les nom et prénoms, profession et domicile*), né à , département d , le suivant son acte de nais-

On peut en conclure, par induction, que les intendants ou sous-intendants militaires, qui tien-

---

sance qu'il m'a représenté, jouissant d'une pension sur l'Etat, de , inscrit n° (*ou*) sur la tête duquel existe une rente viagère de , n° , est vivant pour s'être présenté aujourd'hui devant moi (*).

En foi de quoi, j'ai délivré le présent, qu'il a signé avec moi.

Fait à , le

(*Faire légaliser la signature du notaire par le président du tribunal dans le ressort duquel il exerce.*)

Modèle ***de certificat à délivrer aux militaires et employés des armées.***

Nous, membres composant le conseil d'administration du (*ou*) Je soussigné, commandant un détachement du (*ou*) Je soussigné, inspecteur (*ou*) sous-inspecteur aux revues, certifi que (*mettre les noms, prénoms et profession*), né à , département d , le , suivant son acte de naissance qu'il nous a représenté, jouissant d'une pension sur l'Etat, de , inscrite n° (*ou*) sur la tête duquel existe une rente viagère de , n° , est vivant pour s'être présenté cejourd'hui devant nous (*).

En foi de quoi, nous avons délivré le présent, qu'il a igné avec nous.

Fait à , le

(*Faire légaliser par l'inspecteur ou sous-inspecteur aux revues.*)

(*) *Pour les certificats à délivrer aux pensionnaires, il faut ajouter la déclaration suivante :*

L quel m'a déclaré (*ou*) nous a déclaré que depuis l'obtention de la pension ci-dessus désignée n'a joui d'aucune autre pension ni d'aucun traitement d'activité.

Pour les pensions provenant de solde de retraite, ajouter, aucun traitement d'activité militaire.

nent lieu du conseil d'administration pour les officiers sans troupe et les employés, doivent agir de même à leur égard. Dans ce cas, la procuration est dressée par l'intendant ou sous-intendant militaire, qui la signe avec le requérant;

Note ministérielle relative à la faculté accordée aux militaires en activité de service, jouissant d'une pension de donataires, de faire constater leur existence administrativement. (7e Direction; Comptabilité générale; Bureau du contrôle des dépenses et du contentieux.)

Paris, le 20 avril 1852.

Des difficultés se sont élevées au sujet des certificats de vie à produire par les militaires en activité de service, jouissant d'une pension de donataires. Les payeurs du Trésor avaient pensé, *à tort*, que la faculté de faire constater leur existence par l'autorité militaire ou administrative compétente, n'était accordée, par l'ordonnance du 24 janvier 1816, que pour *les armées en campagne*.

D'après les observations du Ministre de la guerre, M. le Ministre des finances a reconnu cette erreur, et s'est empressé de donner des instructions pour qu'à l'avenir le paiement des pensions de donataires aux militaires en activité de service soit effectué sur des certificats de vie, conformes au modèle annexé à l'ordonnance précitée, délivrés :

Pour les officiers sans troupe et les employés de l'armée, par les fonctionnaires de l'intendance militaire; et pour les militaires des corps de troupe, par les conseils d'administration. Selon la règle générale, ces derniers certificats doivent, en outre, être visés par les fonctionnaires de l'intendance.

MM. les chefs de corps et les intendants et sous-intendants militaires sont invités à porter cette disposition à la connaissance des parties intéressées, et à en assurer l'exécution.

et, si ce dernier ne sait ou ne peut signer, il en est fait mention, qui est attestée par deux témoins.

Les certificats de vie, également à délivrer par les intendants ou sous-intendants militaires, ne sont, relativement à eux, assujettis à aucune formalité particulière; seulement ils doivent avoir soin de faire signer ces sortes de pièces par le requérant, dont les nom, prénoms, grade ou qualité et époque de naissance, seront clairement énoncés, et par les témoins ; et si quelqu'un d'eux ne savait signer, ils ne devront pas oublier de le relater dans le certificat.

Les procurations, les certificats de vie et les testaments que les officiers et les sous-intendants militaires sont autorisés à recevoir, doivent être enregistrés sur un mémorial, sans entrer dans aucun détail, en énonçant seulement que tel jour il a été fait une procuration ou un certificat de vie pour un tel, ou qu'on a reçu le testament d'un tel.

Ces registres d'ordre devront être envoyés au Ministre de la guerre, lors de la rentrée sur le territoire français.

Les registres de l'état civil doivent, autant que possible, être tenus à une distance telle de l'état-major ou des corps de troupe, que les actes puissent être faits dans les délais prescrits par la loi. On doit surtout assurer leur conservation avec le plus grand soin, et celui qui remplit les fonctions d'officier de l'état civil doit, à ce sujet, provoquer journellement les mesures nécessaires auprès de l'autorité compétente.

Le Ministre de la guerre rappelle aux intendants et sous-intendants militaires, aux officiers supérieurs et autres appelés à exercer, hors du territoire français, les fonctions d'officier de l'état civil, l'importance des mesures dont l'exécution leur est confiée. Ils devront apporter l'exactitude la plus rigoureuse jusque dans les moindres détails, et prévenir, par une attention soutenue, des erreurs qui deviendraient extrêmement préjudiciables à ceux qui en seraient l'objet, et qui les mettraient eux-mêmes dans le cas d'encourir les peines prononcées par la loi.

Le Ministre recommande aux chefs d'état-major et aux conseillers d'administration des corps de toute arme d'exercer la plus grande surveillance à cet égard.

A Paris, le 8 mars 1823.

Le Maréchal, Ministre Secrétaire d'État de la guerre.

Signé : DE BELLUNE.

MODÈLE.

REGISTRE

Destiné à l'inscription des actes de l'état civil rédigés hors du territoire français.

Désignation du corps.

Nota. Les registres de l'état civil doivent être établis sur papier libre de grandeur ordinaire.

Extrait de l'instruction.

(*Code civil.*) Art. 89.—Le quartier-maître, dans chaque corps d'un ou plusieurs bataillons ou escadrons, et le capitaine commandant, dans les autres corps, rempliront les fonctions d'officier de l'état civil. Ces

Extrait de l'Instruction, p. 16.

mêmes fonctions seront remplies, pour les officiers sans troupe et pour les employés de l'armée, par l'inspecteur aux revues (1) attaché à l'armée ou au corps d'armée.

Art. 90.—Il sera tenu dans chaque corps de troupe un registre pour les actes de l'état civil relatifs aux individus de ce corps, et un autre à l'état-major de l'armée ou d'un corps d'armée, pour les actes civils relatifs aux officiers sans troupe et aux employés. Ces registres seront conservés de la même manière que les autres registres des corps et états-majors, et déposés aux archives de la guerre, à la rentrée des corps ou armées sur le territoire français.

Art. 91.—Les registres seront cotés et paraphés, dans chaque corps, par l'officier qui le commande, et à l'état-major, par le chef de l'état-major général.

Nota. Consulter, au sujet de ces trois articles, les observations insérées aux p. 16 à 22 de l'Instruction.

Observations: Dans le cas où, par suite des événements de la guerre, un registre de l'état civil viendrait à être perdu, la perte en sera constatée de suite par un procès-verbal en bonne forme, dont une copie sera adressée au Ministre de la guerre, et une autre au dépôt du corps ou à l'état-major, pour les officiers sans troupe et les employés. Cet envoi aura lieu à quelques jours d'intervalle. Le procès-verbal qui aura été rédigé sera,

(1) Voir, pour la qualité à substituer à celle d'inspecteur, de sous-inspecteur aux revues et de commissaires des guerres, l'extrait de l'ordonnance du 29 juillet 1817.

en outre, transcrit en tête du second registre qui devra être établi aussitôt après la perte du premier.

CODE CIVIL.

TITRE V. — Du Mariage.

CHAPITRE VI.

DES DROITS ET DES DEVOIRS RESPECTIFS DES ÉPOUX.

Art. 212.—Les époux se doivent mutuellement fidélité, secours et assistance.

Art. 213.—Le mari doit protection à sa femme, la femme obéissance à son mari.

Art. 214.—La femme est obligée d'habiter avec le mari, et de le suivre partout où il juge à propos de résider. Le mari est obligé de la recevoir et de lui fournir tout ce qui est nécessaire pour les besoins de la vie, selon ses facultés et son état.

Art. 215.—La femme ne peut ester en jugement sans l'autorisation de son mari, quand même elle serait marchande publique, ou non commune, ou séparée de biens.

Art. 216.—L'autorisation du mari n'est pas nécessaire lorsque la femme est poursuivie en matière criminelle ou de police.

Art. 217.—La femme, même non commune ou séparée de biens, ne peut donner, aliéner, hypothéquer, acquérir à titre gratuit ou onéreux, sans le concours du mari dans l'acte, ou son consentement par écrit.

Art. 218.—Si le mari refuse d'autoriser sa femme

à ester en jugement, le juge peut donner l'autorisation.

Art. 219. — Si le mari refuse d'autoriser sa femme à passer un acte, la femme peut faire citer son mari directement devant le tribunal de première instance de l'arrondissement du domicile commun, qui peut donner ou refuser son autorisation, après que le mari aura été entendu ou dûment appelé en la chambre du conseil.

Art. 220. — La femme, si elle est marchande publique, peut, sans l'autorisation de son mari, s'obliger pour ce qui concerne son négoce; et audit cas, elle oblige aussi son mari, s'il y a communauté entre eux.

Elle n'est pas réputée marchande publique, si elle ne fait que détailler les marchandises du commerce de son mari, mais seulement quand elle fait un commerce séparé.

Art. 221. — Lorsque le mari est frappé d'une condamnation emportant peine afflictive ou infamante, encore qu'elle n'ait été prononcée que par contumace, la femme, même majeure, ne peut, pendant la durée de la peine, ester en jugement, ni contracter, qu'après s'être fait autoriser par le juge, qui peut, en ce cas, donner l'autorisation, sans que le mari ait été entendu ou appelé.

Art. 222. — Si le mari est interdit ou absent, le juge peut, en connaissance de cause, autoriser la femme, soit pour ester en jugement, soit pour contracter.

Art. 223. — Toute autorisation générale, même stipulée par contrat de mariage, n'est valable que quant à l'administration des biens de la femme.

Art. 224. — Si le mari est mineur, l'autorisation du juge est nécessaire à la femme, soit pour ester en jugement, soit pour contracter.

Art. 225.—La nullité fondée sur le défaut d'autorisation ne peut être opposée que par la femme, par le mari ou par leurs héritiers.

Art. 226.—La femme ne peut tester sans l'autorisation de son mari.

MODÈLES

Des actes de mariage, de naissance et de décès que les officiers remplissant les fonctions d'officier de l'état civil peuvent être dans le cas de rédiger hors du territoire français, conformément aux dispositions du Code civil, tels qu'ils doivent être inscrits aux registres.

MODÈLE N° 1.

ACTE DE MARIAGE.

Aujourd'hui (*date du mois et de l'an, indication du jour, de l'heure et du lieu*), devant nous (*prénoms, nom et grade de l'officier remplissant les fonctions d'officier de l'état civil, avec la désignation du corps auquel il appartient*), se sont présentés (*prénoms, nom, âge et lieu de naissance du futur, le corps auquel il appartient, le bataillon et la compagnie, ainsi que le numéro sous lequel il est signalé au registre matricule*), fils (majeur *ou* mineur) de (*prénoms, noms, professions, âge et domicile des père et mère du futur*), d'une part ; *et* (*prénoms, nom, âge, lieu de naissance, profession et domicile de la future*) fille (majeure *ou* mineure) de (*prénoms, noms, domicile, âge et profession des père et mère de la future*), d'autre part ; lesquels, en présence de (*prénoms, noms, âge et grade des quatre témoins, corps, bataillons et compagnies auxquels ils appartiennent, ou leurs professions*), leurs témoins (*désigner séparément chaque témoin, en énonçant s'il est parent, et à quel degré*) ; et sous l'autorisation et consentement de leurs père et mère (*ou* aïeuls *et* aïeules , *s'il a été fait des actes respectueux, en faire mention*), nous ont requis de procéder à la célébration de leur mariage.

A quoi nous, remplissant les fonctions d'officier de l'état civil, et ci-dessus dénommé, déférant, avons donné lecture,

1° Des actes de naissance des futurs ;

Des actes des publications mises à l'ordre du jour du corps, dans les délais prescrits par l'article 94 du Code civil, sur lesquels il n'est survenu aucune opposition ;

3° Des actes des publications faites en la commune de (*nom de la commune*), lieu du dernier domicile du futur, et en celle de (*nom de la commune*), lieu du dernier domicile de la future, les (*date des publications*) ;

4° Des certificats délivrés les (*date des certificats*), par les officiers de l'état civil desdites communes, constatant qu'il n'est survenu aucune opposition ;

5° Des actes contenant les consentements voulus par la loi pour chacun des futurs (*ou* des actes respectueux, *s'il en a été fait*) ;

6° De la permission de mariage exigée par l'article (*indiquer le numéro de l'article, suivant le grade du militaire*) du décret du 16 juin 1808 ;

7° Enfin, du chapitre VI du titre du mariage, sur les droits et devoirs des époux. Après quoi nous avons demandé audit futur époux qui il entend prendre pour sa femme ; il nous a répondu, à haute et intelligible voix, qu'il demande à s'unir à (*prénoms et nom de la future*). Avons ensuite demandé à la future qui elle entendait prendre pour époux ; elle nous a répondu, aussi à haute et intelligible voix, qu'elle désirait avoir pour mari (*prénoms et nom du futur*). En conséquence, nous avons prononcé, au nom de la loi, que (*prénoms et noms des futurs*) sont unis par le mariage.

De tout ce que dessus, nous avons dressé le présent acte, et, après en avoir donné lecture, nous l'avons signé avec les parties et les témoins, lesdits jour et an.

(*Si quelqu'un ne sait signer, en faire mention.*)

Nota. S'il existait un enfant naturel, et que les époux

fussent dans l'intention de le reconnaître, conformément aux dispositions de l'article 331 du Code civil, l'acte de mariage devrait alors être suivi de la déclaration ci-dessous :

Lesdits époux nous ayant déclaré qu'il existe un enfant naturel, fruit de leurs œuvres ; que cet enfant n'a pas été reconnu lors de sa naissance, et qu'il a été présenté à l'officier remplissant les fonctions d'officier de l'état civil à (*désigner le corps ou la commune, si c'est dans l'intérieur*) sous les prénoms et nom de (*indication des prénoms et nom qui ont été donnés à l'enfant*)*;* qu'ils désirent le reconnaître pour leur enfant, attendu qu'il n'est ni adultérin ni incestueux, et qu'à cet effet ils nous le présentent : sur quoi nous, remplissant les fonctions d'officier de l'état civil, après avoir examiné cet enfant, que nous attestons être du sexe (*indiquer le sexe de l'enfant*), avons déclaré que (*prénoms et nom de l'enfant*), enfant naturel desdits (*prénoms et noms des époux*), est légitimé, et que mention de la présente légitimation sera faite en marge de son acte de naissance.

De tout ce que dessus nous avons dressé acte, qui a été signé par les parties, les témoins, et par nous, après lecture faite, lesdits jour et an.

MODÈLE N° 2.

ACTE DE NAISSANCE.

Aujourd'hui (*date du mois et de l'an, indication du jour, de l'heure et du lieu*), devant nous (*prénoms, nom et grade de l'officier remplissant les fonctions d'officier de l'état civil, avec la désignation du corps auquel il appartient*), s'est présenté (*prénoms, nom, âge du requérant, et désignation de son grade, ainsi que de la compagnie et du bataillon auxquels il appartient, et du numéro sous lequel il est signalé au registre matricule, s'il est sous-officier ou soldat*) ; lequel nous a requis de dresser l'acte de naissance de (*nom et prénoms que l'on donne à l'enfant*), son fils ou sa fille (*si l'enfant est présenté par toute autre personne que le père, indiquer les nom et prénoms de cette personne, et sa profession,* (auquel a donné le jour (*prénoms, âge et nom de famille de l'épouse*), son épouse (*indiquer le jour et l'heure de l'accouchement*). Il nous a, en conséquence, représenté cet enfant, en nous déclarant qu'il produit pour témoins de cet acte (*noms, prénoms et âge des deux témoins, lesquels doivent toujours être majeurs et du sexe masculin, avec l'indication des compagnies et bataillons auxquels ils appartiennent, ou de leur profession*) : sur quoi nous, remplissant les fonctions d'officier de l'état civil, et ci-dessus dénommé, après avoir, en présence desdits témoins, examiné l'enfant, avons reconnu qu'il est du sexe (*désigner le sexe de l'enfant*).

De tout quoi nous avons dressé le présent acte, qui a été signé sur le registre par le requérant, les témoins et nous, après qu'il en a été donné lecture, lesdits jour et an.

(*Si quelque témoin ne savait signer, il faudrait en faire mention.*)

MODÈLE N° 3.

ACTE DE DÉCÈS.

Aujourd'hui (*date du mois et de l'an, indication du jour, de l'heure et du lieu*), devant nous (*prénoms, nom et grade de l'officier remplissant les fonctions d'officier de l'état civil; désignation du corps auquel il appartient*), sont comparus (*prénoms, nom, âge et grade des trois témoins voulus par l'article 96 du Code; corps, bataillons et compagnies auxquels ils appartiennent, ou leurs professions*), lesquels nous ont déclaré que (*prénoms nom et grade du militaire décédé ; corps, bataillon et compagnie auxquels il appartient ; numéro sous lequel il est signalé au registre matricule, s'il est sous-officier ou soldat*), est décédé ce jour à (*désigner l'heure et le lieu*), par suite de (*indication du genre de mort, lorsqu'il y a lieu*). Ce militaire était marié à (*désigner le nom de la veuve et son domicile*), et était fils de (*noms des père et mère du décédé et leur domicile*).

De tout quoi nous avons dressé le présent acte, qui a été signé par nous et les trois témoins, après lecture faite, lesdits jour et an.

MODÈLES

Des extraits des actes de l'état civil rédigés hors du territoire français, tels qu'ils doivent être envoyés à l'officier de l'état civil du dernier domicile des parties intéressées et au Ministre de la guerre, conformément aux dispositions du Code civil.

Nota. Ces extraits devront être certifiés par le conseil d'administration pour les militaires qui appartiennent à un corps, et visés par le sous-intendant militaire.

MODÈLE N° 4.

EXTRAIT D'ACTE DE NAISSANCE.

(*Numéro et désignation du corps.*)

Nous soussigné (*prénoms, nom et grade de l'officier*), remplissant les fonctions d'officier de l'état civil, certifions qu'il résulte du registre destiné à l'inscription des actes de l'état civil faits hors du territoire français, pour le (*désignation du corps ou état-major de l'armée*), que le nommé (*prénoms et nom du père ou de la personne qui a présenté l'enfant; désignation de sa profession ou du corps, du bataillon et de la compagnie auxquels il appartient, ainsi que du numéro sous lequel il est signalé*), nous a déclaré, en présence de deux témoins mâles et majeurs voulus par la loi, que le (*date de la naissance de l'enfant*), son épouse *ou* épouse de (*nom et état du père, prénoms et nom de la mère*), est accouchée à (*indiquer le lieu et l'heure*), d (d'un garçon *ou* d'une fille), à qui ils ont donné les prénoms de (*prénoms de l'enfant*); et ont, le père (*ou celui qui a présenté l'enfant*) et les témoins, signé avec nous au registre.

A (*désigner le lieu*), le (*la date du mois et de l'an*).

Pour extrait conforme :

ACTE DE MARIAGE.

On ne doit point envoyer extrait de ces sortes d'actes, mais bien une copie littérale du registre, conformément aux dispositions de l'article 95 du Code civil.

MODÈLE N° 5.

EXTRAIT D'ACTE DE MORT.

(*Numéro et désignation du corps.*)

Nous soussigné (*prénoms, nom et grade de l'officier*), remplissant les fonctions d'officier de l'état civil, certifions qu'il résulte du registre destiné à l'inscription des actes de l'état civil faits hors du territoire français, pour le (*désigner le corps ou l'état-major de l'armée*), que le nommé (*prénoms, nom et grade du décédé, désignation du corps, du bataillon et de la compagnie*), fils de et de (*prénoms et noms des père et mère*), natif de (*lieu de naissance*), marié à (*prénoms et nom de la veuve, ainsi que son domicile*) ; signalé au registre matricule sous le n° (*indiquer le numéro*), est décédé à (*indiquer le lieu*), par suite de (*déterminer le genre de mort, lorsqu'il y a lieu*), le (*la date et l'heure du décès*), d'après la déclaration à nous faite le (*indiquer la date*), par les trois témoins mâles et majeurs voulus par la loi, lesquels ont signé au registre avec nous.

A (*indiquer le lieu*), le (*date du mois et de l'an*).

Pour extrait conforme :

MODÈLE N° 5 *bis*.

MODÈLE D'ACTE DE DISPARITION.

(*Désignation du corps ou du service administratif*).

Nous soussignés (*qualité des signataires de l'acte. Exemple :* Membres du Conseil d'administration du, etc.) certifions que le nommé (*nom et prénoms*), fils d (*nom et prénoms des père et mère*), et de , né le (*date et lieu de naissance*), à , département d , (*grade*), inscrit sous le n° du registre matricule, a disparu le (*date et lieu de la disparition*), et que depuis cette époque toutes les recherches auxquelles il a été procédé pour découvrir son sort sont demeurées infructueuses.

(*Circonstances de la disparition*).

(*Donner tous les détails possibles ; mentionner s'il y a présomption de décès, et les témoignages, etc.*)

Fait à , le 186 .

(*Suivent les signatures*).

Vu :

Le Sous-Intendant militaire,

Format. . { Hauteur. . . . 0^m 29^c
{ Largeur. . . . 0^m 20^c

SOMMAIRE

DES OBJETS CONTENUS DANS CETTE INSTRUCTION.

EXTRAIT

DU RÈGLEMENT DU 1er AVRIL 1831.

SUR LE SERVICE DES HOPITAUX MILITAIRES.

. . . .

CHAPITRE V.

DES TESTAMENTS, DES DÉCÈS ET DES INHUMATIONS.

Facilités à donner aux militaires malades pour tester légalement.

725. Lorsqu'un militaire traité dans les hôpitaux exprime la volonté de faire des dispositions testamentaires, l'officier d'administration comptable est tenu de lui procurer les moyens d'établir, d'une manière régulière, les actes spécifiés au chapitre II, titre II, liv. III du Code civil.

Obligations de l'infirmier-major et du chirurgien de garde en cas de décès.

726. Immédiatement après le décès d'un malade dans un hôpital, l'infirmier-major en avertit le chirurgien de garde, qui, après s'être assuré du fait de la mort, fait transporter le corps par les infirmiers dans la salle à ce destinée.

Billet de salle constatant le décès.

727. L'infirmier-major remet immédiatement au comptable le billet de salle du décédé, sur lequel l'officier de santé qui a suivi le traitement du malade certifie le décès, sa date, et la maladie qui l'a occasionné.

Déclaration à transmettre par le comptable à l'officier de l'état civil.

728. L'officier d'administration comptable adresse, dans les vingt-quatre heures, à l'officier de l'état civil du lieu, une déclaration (*modèle n° 30*) dont toutes les indications sont remplies soigneusement, en se conformant à l'instruction ministérielle du 8 mars 1823, relative aux actes de l'état civil des militaires; la date de l'entrée du malade à l'hôpital et celle de la mort y sont inscrites en toutes lettres ; cette déclaration est certifiée par l'officier de santé qui a suivi le traitement du décédé et par le comptable.

Mention des blessures sur la déclaration.

729. Si le décédé est mort des suites de blessures reçues sur le champ de bataille ou dans un service commandé, il en est fait mention spéciale sur la déclaration.

Dispositions en cas de mort violente.

730. Dans le cas d'indices de mort violente, il en est rendu compte immédiatement au sous-intendant militaire, qui fait procéder conformément aux dispositions de l'art. 81 du Code civil.

Mentions interdites sur la déclaration du décès.

731. Conformément à l'art. 85 du Code civil, s'il est constaté que le décédé soit mort de *mort violente* s'il était en *état de détention*, ou *frappé d'une condamnation*, il n'est fait aucune mention de ces circonstances sur la déclaration de décès.

Dispositions particulières en cas de condamnation.

732. Si le décédé avait cessé d'appartenir à l'ar-

mée, par l'effet d'une condamnation, il est désigné dans la déclaration sous la dénomination d'*ex-militaire*, sans indication de grade.

Registre de décès.

733. Aussitôt après la déclaration faite à l'officier de l'état civil, le comptable de l'hôpital inscrit le décès sur un registre tenu à cet effet, lequel est coté et paraphé par le sous-intendant militaire ; ce registre (*modèle n°* 31) doit contenir les mêmes détails que ceux qui sont portés dans la déclaration de décès, conformément aux art. 728 et suivants ; il doit être tenu avec la plus scrupuleuse exactitude ; en cas de changement de comptable, le sortant justifie spécialement au sous-intendant militaire de la remise de ce registre à son successeur.

Le comptable établit, pour ce registre, une table alphabétique, afin de faciliter les recherches.

Acte de décès et relevé mensuel.

734. Les actes de décès (*modèle n°* 32) sont extraits littéralement du registre prescrit par l'article ci-dessus.

Ils sont établis en triple expédition, dont une, après avoir été légalisée, doit être immédiatement adressée, par l'officier comptable, au maire de la commune du décédé.

Les deux autres expéditions des actes de décès doivent être remises au sous-intendant militaire avec un relevé (*modèle n°* 31) particulier pour chaque arme, après que ces relevés ont été certifiés, par l'officier de l'état civil de la commune, conformes à son propre registre.

Destination des pièces ci-dessus.

735. Le sous-intendant militaire, après avoir visé les pièces mentionnées en l'article précédent, adresse à l'intendant, pour être transmis au Ministre de la guerre, le relevé nominatif, avec deux expéditions de chacun des actes de décès, dont une est envoyée, par le Ministre, aux conseils d'administration des corps, et dont la seconde reste en dépôt dans les archives du ministère. La troisième expédition des actes de décès des militaires nés hors de France, et dont les familles résident en pays étrangers, est envoyée au Ministre de la guerre, qui la transmet au Ministre des affaires étrangères.

Etats distincts pour les militaires décorés des ordres de Saint-Louis ou de la Légion d'honneur.

736. Il est formé des états distincts des décédés qui faisaient partie, soit de l'ordre royal et militaire de Saint-Louis, soit de l'ordre royal de la Légion d'honneur: ces états sont transmis, par l'intermédiaire des intendants militaires, savoir, celui qui concerne l'ordre de Saint-Louis au Ministre de la guerre, et celui qui concerne la Légion d'honneur au grand chancelier de cet ordre.

Emploi des actes de décès délivré par les comptables.

737. Les actes de décès délivrés par les comptables des hôpitaux, et visés pour légalisation par les sous-intendants militaires, sont valables pour constater les décès auprès des corps et du ministère de la guerre, ainsi que pour appuyer toutes les réclamations que les familles peuvent être dans

le cas d'adresser à ce ministère ; mais ils ne sont pas valables auprès des autorités civiles et des tribunaux.

Toutefois, lorsque les militaires sont décédés dans les hôpitaux hors du territoire français, les actes de décès délivrés par les comptables de ces établissements, conformément aux dispositions ci-dessus, deviennent actes authentiques et légaux d'état civil.

En conséquence des dispositions ci-dessus, les expéditions des actes de décès doivent contenir en marge l'annotation expresse qu'ils sont délivrés à titre de *simples renseignements*, à moins que le décès n'ait eu lieu hors du territoire français ; dans ce dernier cas, ils sont considérés comme actes légaux de l'état civil.

Mention du décès sur le billet de salle.

738. Le décès est mentionné au billet de salle, et inscrit sur le registre des entrées et sorties.

. . . .

(Voir, page 99, la note ministérielle du 7 décembre 1855.)

Modèle n° 30.

° DIVISION MILITAIRE.

Place d

Mois d

Numéro du registre des décès tenu à l'hôpital.

(1) Nom, prénoms, grade, corps, bataillon ou escadron, compagnie et n° matricule.

SERVICE DES HÔPITAUX MILITAIRES.

HOPITAL (*civil ou militaire*) d

Je soussigné, officier comptable de l'hôpital d , pour me conformer aux dispositions de l'art. 80 du Code civil, qui détermine le mode de constater l'état civil des citoyens, déclare à M. , officier public, chargé de recevoir les actes de naissance, mariage et décès, que le sieur (1) , fils d et d , né le , à , canton d , département d , entré audit hôpital le du mois d , y est mort cejourd'hui à heures du par suite d

Fait à , le du mois d mil huit cent

Vu par nous, Sous-Intendant militaire chargé de la police et surveillance de l'hôpital d

MODÈLE N° 32.

EXTRAIT MORTUAIRE.

Commune d (*désigner le nom de la commune où est situé l'hôpital*),

Hôpital d (*désigner si l'hôpital est civil ou militaire, sédentaire ou ambulant*).

Du registre des décès dudit hôpital a été extrait ce qui suit :

Le sieur (*Désigner les nom et prénoms du décédé, le grade, le corps, le bataillon ou l'escadron, et la compagnie où il servait, et le numéro de la matricule dudit corps*), né le , à canton d , département d , fils d et d est entré audit hôpital le du mois d de l'an et y est décédé le du mois d de l'an par suite d (*expliquer le genre de maladie ou de blessures dont il est mort*).

Je soussigné, officier comptable dudit hôpital, certifie le présent extrait véritable et conforme au registre des décès dudit hôpital.

Fait à , le 18

Nous, Sous-Intendant militaire chargé de la police de l'hôpital d , certifions que la signature ci-dessus est celle de M. , et que foi doit y être ajoutée.

Fait à , le d u mois d 18

Nota. Le présent extrait du registre des décès de l'hôpital militaire de , n'est fourni qu'*à titre de simple renseignement* dans l'intérieur du royaume.

N. B. On recommande la plus grande exactitude dans les actes de décès. Les prénoms et noms des décédés doivent être recueillis avec attention, ainsi que les lieux de naissance, cantons et départements ; les noms et numéros des corps et compagnies ; et le tout doit être écrit très-lisiblement, et dans l'ordre indiqué ci-dessus.

SUCCESSION.

Effets et armes appartenant aux successions.

635. Les effets laissés par les sous-officiers et soldats décédés ou évadés, autres que ceux dont il est fait mention au chapitre premier du présent titre, sont vendus, pour le produit en être versé, avec les deniers et autres valeurs, à la caisse des dépôts et consignations, au nom des successions ou ayants cause. Ces ventes sont effectuées et constatées, et les versements à la caisse des dépôts et consignations ont lieu suivant les formalités prescrites par les articles ci-après.

Effets des officiers.

936. Il est procédé, ainsi qu'il est prescrit à l'article précédent, à l'égard de tous les effets d'habillement, d'équipement et d'armement des officiers et autres individus y assimilés, ainsi qu'à l'égard des deniers et autres valeurs dont ils ont fait le dépôt à leur entrée à l'hôpital.

Insignes d'ordres.

937. Les insignes des ordres dont les décédés étaient décorés sont rendus ou renvoyés aux familles, à l'exception de la croix de Saint-Louis, qui, conformément aux statuts de cet ordre, doit être transmise au Ministre de la guerre, par l'entremise des officiers généraux commandants.

Brevets, lettres de service et autres objets.

938. Les brevets, lettres de service, billets, lettres de change ou autres objets non réalisables en numéraire, et dont la possession intéresse les fa-

milles, doivent, ainsi que tous les papiers quelconques laissés par les décédés, être soigneusement envoyés aux héritiers.

Ces remises sont effectuées et justifiées suivant les formalités prescrites aux articles suivants.

États des objets appartenant aux successions.

939. Les officiers d'administration comptables des hôpitaux, constitués, par les articles précédents, dépositaires des objets laissés par les décédés, sont tenus d'adresser aux héritiers, immédiatement après la mort des militaires et avec l'acte de décès, l'état (*modèle n° 55*) de tous les objets compris dans les successions, en indiquant ceux de ces effets susceptibles d'être vendus à défaut de réclamation, et dont le produit doit être versé à la caisse des dépôts et consignations ; l'envoi de ces états doit être fait sous bandes, par l'entremise des sous-intendants, aux maires des lieux où les décédés avaient leur domicile.

Justification des remises aux héritiers.

940. Les remises à effectuer aux héritiers ou à leurs fondés de pouvoirs, des objets mentionnés aux articles précédents, ont lieu d'après l'ordre du sous-intendant militaire, et sur la présentation de titres authentiques d'hérédité, délivrés par l'autorité compétente.

Ces remises sont justifiées par les récépissés des parties prenantes, inscrits au bas des états individuels dont il est fait mention à l'article ci-dessus. Le sous-intendant appose son *visa* au bas de ces récépissés.

Envoi d'effets aux héritiers.

941. Lorsque les héritiers ou leurs fondés de

pouvoirs ne sont pas sur les lieux, les papiers et autres objets susceptibles d'être envoyés par la poste sont adressés, sous bandes et par l'entremise des sous-intendants, aux maires des communes où résident ces héritiers. Les transports des autres objets sont aux frais des successions, dont les titulaires indiquent le moyen de transport le plus à leur convenance.

Ventes au profit des héritiers.

942. Les ventes des effets faisant partie de la succession des décédés ont lieu tous les six mois, et plus souvent, si la nécessité en est reconnue; elles sont faites administrativement, en adjudication publique et aux enchères, par les soins de l'officier d'administration comptable en présence du sous-intendant. On se conforme, en ce qui concerne la vente des armes des officiers, aux règlements de police des lieux où les ventes sont faites.

Ventes distinctes par succession.

943. Les lots sont formés et les adjudications sont faites de manière à maintenir toujours la distinction des effets appartenant aux diverses successions.

Procès-verbal de vente.

944. La vente est constatée par un procès-verbal dressé par le sous-intendant militaire (*modèle n° 56*), et dans lequel est porté distinctement pour chaque décédé, le produit des objets vendus. Ce même procès-verbal doit relater en outre, à l'article qui concerne chacun des décédés, l'argent ou les valeurs qu'ils ont laissés, de manière à présenter le montant total dont le comptable de l'hôpital est responsable envers la succession.

Versement du produit des ventes à la caisse des dépôts et consignations.

945. Le montant total des successions porté au procès-verbal prescrit par l'article précédent est versé par le comptable, dans le délai de cinq jours, dans la caisse du receveur du lieu, au compte de la caisse des dépôts et consignations, et au nom des successions. Le comptable remet au receveur deux expéditions du procès-verbal de vente, dont une lui est rendue après que le receveur y a apposé son récépissé. Ce récépissé est visé par le sous-intendant militaire. Aux armées, ces versements s'effectuent dans les caisses des payeurs, ainsi qu'il est prescrit en l'art. 509 du présent règlement.

Cas où des militaires évadés figurent dans le procès-verbal de vente.

946. Si des militaires évadés de l'hôpital figurent dans le procès-verbal de vente, ils y sont portés sous un titre distinct, qui rappelle cette circonstance. Le procès-verbal indique, dans ce cas, la somme à verser dans la caisse du domaine pour remboursement des effets emportés par l'évadé, et celle à verser dans la caisse des dépôts et consignations, conformément à l'article précédent. Ces versements sont effectués dans les diverses caisses, avec les formalités prescrites audit article.

Le Ministre secrétaire d'État au département de la guerre à MM. les intendants et sous-intendants militaires, et les membres des conseils d'administration des corps de toutes armes. (Secrétariat général, bureau de la correspondance générale et des lois et archives.)

Paris, 17 août 1831.

Dispositions relatives aux actes de l'état civil concernant les militaires hors du territoire du royaume.

Messieurs, le chapitre v du titre II du Code civil est exclusivement consacré aux actes de l'état civil concernant les militaires hors du territoire du royaume.

Pour assurer et régulariser l'exécution de ces dispositions, le Ministre de la guerre a fait adresser, à différentes époques, des instructions à MM. les généraux, les intendants et sous-intendants militaires, et les membres des conseils d'administration des corps de toute arme. Les dernières de ces instructions sont insérées au *Journal militaire*, 1er trimestre 1823, p. 341.

Vous sentez, Messieurs, combien il importe aux intérêts des familles et à la sûreté de leurs transactions que l'état civil des militaires soit toujours régulièrement établi, et que les formes voulues par la loi soient observées avec la plus rigoureuse exactitude; j'ai cependant eu occasion de remarquer que quelques-unes de ces formes étaient habituellement négligées. Les articles 93, 95, 96 et 97 du Code prescrivent d'envoyer à l'officier de l'état civil du dernier domicile des parties une expédition des actes de naissance, de mariage ou de décès qui auront été rédigés hors du territoire français. Cette disposition essentielle est pourtant une de celles auxquelles on a le plus souvent omis de se conformer. Je reçois fréquemment, des autorités civiles, des demandes d'actes qui depuis longtemps devraient se trouver transcrits sur les registres des mairies.

C'est donc sur cette obligation imposée par la loi que j'appellerai plus spécialement votre attention. Vous voudrez bien ne pas oublier aussi, Messsieurs, qu'aux termes des instructions précitées il doit m'être adressé en même temps un double de tous les actes qui auront été rédigés, et que, suivant l'article 90 du Code civil, tous les registres de l'état civil tenus hors du territoire doivent être déposés aux archives de la guerre, à la rentrée des corps ou armées sur le territoire du royaume.

Pour assurer l'exécution de ces dispositions et de toutes celles qui concernent l'état civil des militaires, je désire que les officiers chargés, à l'armée, de remplir les fonctions d'officier de l'état civil, veuillent bien relire attentivement l'instruction ci-dessus mentionnée, à l'effet de s'en pénétrer : ils préviendront ainsi des erreurs qui pourraient devenir extrêmement préjudiciables à ceux qui en seraient l'objet, et qui les mettraient eux-mêmes dans le cas d'encourir les peines prononcées par la loi.

Veuillez Messieurs, en ce qui vous concerne, tenir la main à ce qu'aucune des formalités prescrites par cette instruction ne soit désormais négligée.

L'insertion au *Journal militaire* tiendra lieu de notification.

Note ministérielle qui prescrit l'envoi d'un état nominatif des militaires tués, blessés ou disparus.

Paris, le 25 août 1840.

Il importe que le Ministre de la guerre connaisse immédiatement les noms des militaires qui ont été tués, blessés ou qui ont disparu soit dans des combats, soit par l'effet d'événements fortuits.

Dans toutes ces circonstances, les conseils d'administration des corps devront adresser au Ministre, *sans lettre d'envoi*, un état conforme au modèle ci-joint. Cet état sera tout à fait indépendant des feuilles mensuelles de mutations, où les renseignements qu'elles comportent continueront d'être régulièrement portés pour les inscriptions à faire sur les registres matricules.

L'insertion au *Journal militaire* tiendra lieu de notification.

MODÈLE.

(Indication du corps.)

ETAT *nominatif des militaires tués, blessés ou disparus pendant (désigner ici le combat ou l'événement qui a occasionné les pertes.)*

NUMÉRO d'inscription à la matricule. — (Pour les s.-officiers et soldats.)	NOMS et PRÉNOMS.	GRADES.	NATURE de l'evenement; cause de la mort ou de la blessure et indication de la partie lésée, etc., etc.	Lieu de l'événement.	Dates.

Certifié véritable par les membres du Conseil d'administration.

A , le

Ordonnance du roi relative aux successions vacantes des militaires décédés en Algérie.

Paris, 11 juin 1844.

LOUIS-PHILIPPE, ROI DES FRANÇAIS, à tous présents et à venir, salut :

Vu l'article 7 de l'ordonnance royale du 26 décembre 1842 ;

Vu les articles 935 et suivants du règlement général sur le service des hôpitaux du 1er avril 1831 ;

Considérant qu'il y a lieu de mettre en harmonie les dispositions de l'ordonnance royale du 26 décembre 1842 avec celles du règlement sur le service des hôpitaux du 1er avril 1831;

AVONS ORDONNÉ ET ORDONNONS ce qui suit :

ART. 1er. Les effets mobiliers dépendant des successions laissées par des officiers ou soldats décédés en Algérie dans les hôpitaux militaires continueront d'être soumis aux règles établies par les articles 935 et suivants du règlement général sur le service des hôpitaux du 1er avril 1831.

2. Les biens immobiliers provenant des successions vacantes laissées par des officiers ou soldats décédés en Algérie soit dans les hôpitaux militaires, soit ailleurs, seront administrés conformément aux dispositions de l'ordonnance royale du 26 décembre 1842, sur la curatelle des successions vacantes en Algérie.

3. Notre président du Conseil, Ministre Secrétaire d'Etat de la guerre, est chargé de l'exécution de la présente ordonnance.

Signé : LOUIS-PHILIPPE.

Par le Roi:

Le Président du Conseil, Ministre Secrétaire d'Etat de la guerre,

Signé : maréchal DUC DE DALMATIE.

Note ministérielle relative aux actes de l'état civil faits hors du territoire français.

(Secrétariat général ; Bureau des Lois et Archives.)

Paris, le 29 octobre 1850.

L'article 90 du Code civil porte :

« Il sera tenu dans chaque corps de troupe un « registre pour les actes de l'état civil relatifs aux « individus de ce corps, et un autre à l'état-major « de l'armée ou d'un corps d'armée, pour les ac- « tes civils relatifs aux officiers sans troupe et aux « employés. Ces registres seront conservés de la « même manière que les autres registres des corps « et états-majors, et *déposés aux archives de la « guerre, à la rentrée des corps ou armées sur le « territoire français.*

Ces prescriptions, rappelées dans l'instruction du 8 mars 1823, n'ont pas toujours été rigoureusement observées, et il en est résulté que des lacunes se sont introduites dans la collection des registres de l'état civil déposés aux archives.

Dans l'intérêt des familles et de l'administration, il n'importe pas moins de réparer ces omissions que d'en prévenir le retour.

En conséquence, MM. les membres du corps de l'intendance militaire et les conseils d'administration des corps de troupe qui auraient conservé, depuis leur rentrée en France, des registres d'état civil, sont invités à les envoyer dans le plus bref délai au ministère (*Bureau des lois et archives*).

Ces dispositions s'appliquent également, aux termes de l'instruction précitée, à chaque régiment ou portion de régiment qui aurait été licencié, hors du territoire, ou amalgamé dans d'autres corps.

Il continuera d'en être de même à l'avenir conformément à ladite instruction, pour tous les corps qui se trouveront dans l'un ou l'autre cas.

Le Ministre profite de cette occasion pour rappeler aux officiers chargés de la tenue de ces registres, qu'ils ne doivent pas négliger de lui en adresser un extrait collationné, tous les mois.

---

*Le **Ministre Secrétaire d'État de la guerre** à **MM.** les **Officiers généraux et supérieurs chefs d'état-major; les Intendants et Sous-Intendants militaires; et les Membres des conseils d'administration des corps de troupe, aux armées hors du territoire de l'Empire*** [7e Direction; Comptabilité générale; Bureau des Lois et Archives.] (1)

Paris, le 8 novembre 1855.

(*Nouvelles instructions relatives aux actes de décès des militaires.*)

Messieurs, les dispositions du Code Napoléon, en ce qui concerne les actes de décès des militaires hors du territoire de l'Empire, celle de l'instruction du 8 mars 1823 et du règlement du 1er avril 1831 sur le service des hôpitaux, doivent tout particulièrement fixer votre attention dans les circonstances présentes, afin d'éviter des erreurs ou des omissions qui peuvent être très-préjudiciables aux intérêts des familles, et qui exposeraient les officiers chargés de la tenue des regis-

(1) *Journal militaire*, p. 404.

tres de l'état civil à encourir les peines portées par la loi.

Il convient donc que les extraits mortuaires soient toujours établis conformément au modèle n° 5, annexé à l'instruction du 8 mars 1823, et n° 32 *bis*, dont le spécimen vous sera adressé ultérieurement. Il importe, en outre, qu'ils ne contiennent que des indications exactes, afin de ne rien perdre de la validité qu'ils doivent avoir en justice. Vous n'ignorez pas, Messieurs, que tel est l'unique moyen d'éviter de nombreuses et dispendieuses demandes de rectification sur lesquelles il appartient aux tribunaux seuls de statuer, et que, d'ailleurs, l'absence ou l'insuffisance de renseignements tardivement recueillis ne permet pas toujours d'opérer ces rectifications.

Quelquefois, cependant, les conseils d'administration peuvent, par suite des événements de guerre, se trouver dans l'impossibilité de constater le décès d'un militaire, et, conséquemment, de dresser son acte mortuaire. Il ne faut pas omettre, dès lors, si les plus grandes présomptions sont effectivement acquises au décès, de les établir conformément à l'instruction du 8 mars 1823, puisque la pièce qui les fera connaître peut être un jour déférée à la sanction des tribunaux et devenir un titre légal.

Quelques officiers remplissant les fonctions d'officiers de l'état civil peuvent ne pas encore se croire en droit d'établir l'acte de décès d'un militaire, lorsqu'un long intervalle s'est écoulé depuis l'époque où ce décès a eu lieu jusqu'au jour où il est possible de réunir les trois témoins appelés à l'attester.

Cette dernière considération ne saurait être une difficulté, puisqu'une solution donnée par le Ministre de la justice, le 6 septembre 1813 (1), a posé en principe que le décès peut être constaté à quelque époque que ce soit, du moment que se présente le nombre de témoins voulus par la loi. Dans ce cas, je vous ferai remarquer que rien n'est changé à la rédaction de l'acte, qui s'opère toujours conformément aux modèles en usage.

Il est un autre point très-important sur lequel j'appellerai votre attention : je veux parler de l'envoi des extraits mortuaires à l'officier de l'état civil du dernier domicile de tout militaire décédé, pour que la transcription en soit effectuée sur les registres des mairies. Cet envoi, qu'il convient de faire dans les dix jours qui suivent la rédaction de l'acte, est prescrit par les articles 96 et 97 du Code Napoléon, articles dont l'exécution ne peut rencontrer d'obstacles, car à défaut de déclaration contraire, le lieu de naissance du décédé doit être considéré comme celui de son dernier domicile.

Mais, afin de rendre plus général l'accomplissement des formalités imposées par la loi à cet égard, et pour mettre mon administration à même de renseigner les familles qui désirent savoir à quelles autorités municipales elles doivent réclamer les expéditions d'actes dont elles ont besoin, j'ai décidé que les extraits mortuaires destinés à être conservés aux archives de mon ministère contiendraient toujours, au bas de l'acte, l'annotation suivante qui devra être remplie :

Un duplicata de cette pièce a été adressé le à M. le Maire de département de

---

(1) Voir cette solution au nota 2 de la page 47 au présent recueil.

Je n'ai pas besoin Messieurs, de vous faire sentir combien il est essentiel que l'état civil des militaires soit l'objet de tous vos soins. Il vous suffira d'ailleurs de vous reporter à l'instruction de 1823 et de vous pénétrer des prescriptions qu'elle renferme. Parmi ces prescriptions, vous ne perdrez pas de vue celles qui ont trait aux mesures à prendre pour constater au besoin le décès des militaires français morts en captivité, non plus que les recommandations relatives à l'envoi aux archives de la guerre des registres d'état civil, lors de la rentrée des corps ou armées sur le territoire de l'Empire.

En un mot, c'est en vous attachant à suivre fidèlement la ligne de conduite que tracent sur cette matière les dispositions légales et les instructions ministérielles, que vous parviendrez à donner à mon ministère les moyens de toujours justifier du décès des militaires morts aux armées actives. Je ne doute pas que vos efforts ne s'associent aux miens pour remplir ce devoir essentiel d'une bonne administration.

Recevez, etc. *Le Maréchal de France,*
Ministre Secrétaire d'Etat de la guerre,
Signé : VAILLANT.

Note ministérielle relative à la constatation des décès dans les hôpitaux militaires aux armées en campagne. (Direction de l'administration ; Bureau des Hôpitaux et des invalides.) (1)

Paris, le 7 décembre 1855.

Le Maréchal Ministre Secrétaire d'État de la

(1) *Journal militaire*, pag. 435.

guerre a adopté la nouvelle rédaction ci-après de l'article 1123 du règlement du 1er avril 1831, sur le service des hôpitaux.

DES DÉCÈS.

ART. 1123.

Enregistrement des décès.

Aux armées agissant sur le territoire français, les décès dans les hôpitaux temporaires et ambulances sont constatés d'après les dispositions des articles 728 à 736.

Lorsque les armées agissent hors du territoire français, cas dans lequel les officiers d'administration comptables remplissent les fonctions d'officier de l'état civil, les décès sont inscrits sur un registre conforme au n° 31 *bis*.

Extraits mortuaires.

Les actes de décès (modèle n° 32 *bis*) sont littéralement extraits du registre mentionné ci-dessus. Ils sont établis en triple expédition, dont une est remise immédiatement au sous-intendant militaire pour être transmise au corps ; l'autre est adressée par le comptable au maire de la commune du décédé ; quant à la troisième, elle est remise chaque mois au sous-intendant militaire, pour être adressée au Ministre, avec le relevé prescrit par l'article 734 (modèle n° 31).

Les intendants et sous-intendants militaires, ainsi que les officiers d'administration comptables, se conforment d'ailleurs à l'instruction du 8 mars 1823, relative aux actes de décès dans les hôpitaux militaires.

N° 31 *bis*. Art. 1123.	du règlem. des hôpit.

MODÈLES.

—

SERVICE DES HOPITAUX MILITAIRES.

Armée d

Désigner l'établissement.

REGISTRE DES DÉCÈS.

Le présent registre contenant feuillets, destinés à l'inscription des décès survenus parmi les militaires et autres traités à
a été coté et paraphé par nous, sous-intendant militaire, chargé de la surveillance administrative dudit établissement.

A le 186 .

Les actes seront inscrits sur les registres, de suite, sans aucun blanc; les ratures et les renvois seront approuvés et signés de la même manière que le corps de l'acte. Il n'y sera rien écrit par abréviation, et aucune date ne sera mise en chiffres.

Tout dépositaire des registres sera civilement responsable des altérations qui y surviendront, sauf son recours, s'il y a lieu, contre les auteurs desdites altérations.

Toute altération, tout faux dans les actes de l'état civil, toute inscription de ces actes sur une feuille volante et autrement que sur les registres à ce destinés, donneront lieu aux dommages et intérêts des parties, sans préjudice des peines portées au Code pénal (Articles 42, 51 et 52 du Code Napoléon).

ACTE DE DÉCÈS.

(*A inscrire textuellement sur le registre.*)

Aujourd'hui (*date du mois et de l'an, indication du jour, de l'heure et du lieu*), devant nous (*prénoms, nom, grade de l'officier, désignation du corps auquel il appartient*), remplissant les fonctions d'officier de l'état civil, sont comparus (*prénoms, noms, âge et grade des trois témoins voulus par l'article* 96 *du Code, corps, bataillons et compagnies auxquels ils appartiennent, ou leurs professions*), lesquels nous ont déclaré que (*prénoms, nom et grade du militaire décédé, corps, bataillon et compagnie auxquels il appartient, numéro sous lequel il est signalé au registre matricule ; s'il est sous-officier ou soldat*), est décédé ce jour à (*désigner l'heure et le lieu*), par suite de (*indication du genre de mort, lorsqu'il y a lieu*) ; par suite de (*indication du genre de mort, lorsqu'il y a lieu*) ; ce militaire né à (*désigner la commune*), canton de (*indication du canton*), département d (*indication du département*), le (*indication de la date*), était marié à (*désigner le nom de la veuve et son domicile*), et était fils de (*noms des père et mère du décédé et leur domicile*).

De tout quoi nous avons dressé le présent acte, qui a été signé par nous et les trois témoins, après lecture faite, lesdits jour, mois et an

---

N° 31 *bis.* Art. 1123.	du règlem. des hôpit.

SERVICE DES HOPITAUX MILITAIRES.

EXTRAIT MORTUAIRE.

ARMÉE d

HÔPITAL { sédentaire, temporaire ou ambulant. } d

Nous soussigné (*prénoms, nom et grade de l'officier, corps*), remplissant les fonctions d'officier de l'état civil, certifions qu'il résulte du registre destiné à l'inscription des actes de l'état civil faits hors du territoire français pour le service des hôpitaux militaires que le nommé (*prénoms, nom et grade du décédé, désignation du corps, du bataillon et de la compagnie auxquels il appartient*), né le (*indiquer la date, la commune, le canton et le département*), signalé au registre matricule sous le numéro (*en toutes lettres*), fils de (*noms des père et mère du décédé et leur domicile*), marié à (*nom de la veuve et son domicile*), est décédé à (*indiquer le lieu*), le (*indication de la date et de l'heure du décès*) par suite de (*déterminer le genre de mort, lorsqu'il y a lieu*), d'après la déclaration à nous faite le (*indiquer la date*), par les trois témoins mâles et majeurs voulus par la loi, lesquels ont signé au registre avec nous.

A le 186 .

Nous Sous-Intendant militaire, chargé de la police de (*indiquer l'établissement*), certifions que la signature ci-dessus est celle de M. (*nom du signataire*), et que foi doit y être ajoutée.

A le 186 .

Un duplicata de cette pièce a été adressé le à M. le maire d , (département d .)

Le Ministre Secrétaire d'État de la guerre à MM. les Généraux commandant les divisions et subdivisions militaires; les Intendants et Sous-Intendants militaires et aux Conseils d'administration de toutes armes. (7e Direction, Comptabilité générale; Bureau des Lois et Archives.)

Paris, le 12 juin 1857.

(*Décision ministérielle portant adoption d'un modèle uniforme d'actes de disparition.*)

Les actes qui sont dressés, à la suite des expéditions hors du territoire de l'Empire, pour constater la disparition des militaires dont le sort est inconnu ne sont pas toujours régulièrement établis, ni assez explicites.

Le Maréchal de France, Ministre Secrétaire d'Etat de la guerre, afin de remédier aux inconvénients qui peuvent résulter de cet état de choses, a décidé qu'il y avait lieu d'adopter à l'avenir, pour ces sortes d'actes, un modèle uniforme qui, en permettant de certifier le fait de la disparition, obligerait d'en faire connaître toutes les circonstances.

Voy. ci-dessus, p. 77, le modèle auquel il est prescrit de se conformer.

Le Maréchal de France,

Ministre Secrétaire d'État de la guerre,

Signé : Vaillant.

CHAPITRE II.

MARIAGES.

DISPOSITIONS PARTICULIÈRES AUX MARIAGES DES MILITAIRES DE TOUTES ARMES.

Décret impérial relatif au mariage des militaires en activité de service.

A Bayonne, 16 juin 1808.

NAPOLÉON, Empereur des Français, Roi d'Italie et Protecteur de la Confédération du Rhin,

Sur le rapport de notre Ministre de la guerre;

Notre conseil d'Etat entendu,

Nous avons décrété et décrétons ce qui suit:

ART. 1er. Les officiers de tout grade (1) en activité de service ne pourront, à l'avenir, se marier qu'après en avoir obtenu la permission par écrit du Ministre de la guerre. Ceux d'entre eux qui auront contracté mariage sans cette permission encourront la destitution et la perte de leurs droits, tant pour eux que pour leurs veuves et leurs enfants, à toute pension ou récompense militaire.

---

(1) Le décret conservé aux Archives de la guerre, le *Journal militaire* et le *Bulletin des lois* de l'époque, portent : *de tout genre*.

2. Les sous-officiers et soldats en activité de service ne pourront de même se marier qu'après en avoir obtenu la permission du conseil d'administration de leur corps.

3. Tout officier de l'état civil qui, sciemment, aura célébré le mariage d'un officier, sous-officier ou soldat en activité de service, sans s'être fait remettre lesdites permissions, ou qui aura négligé de les joindre à l'acte de célébration du mariage, sera destitué de ses fonctions.

4. Notre Grand Juge, Ministre de la justice, et nos Ministres de la guerre et de l'intérieur, sont chargés, chacun en ce qui le concerne, de l'exécution du présent décret (1).

Signé : NAPOLÉON.

Par l'Empereur,

Le Ministre secrétaire d'État,

Signé : HUGUES B. MARET.

A exécuter.

Le Ministre de la guerre,

Signé : CLARKE.

---

(1) Les dispositions de ce décret sont applicables aux commissaires des guerres, ordonnateurs et ordinaires et aux adjoints, ainsi qu'aux officiers de santé de toutes classes et de tous grades, aux officiers des équipages militaires. (Décret du 28 août 1808, *Journ. milit.*, p. 22.)

Les Invalides de tous grades ne peuvent se marier sans la permission du Ministre (Décision ministérielle du 12 octobre 1808, maintenant les dispositions de l'arrêté du 27 prairial an VIII.)

Le Ministre secrétaire d'État de la guerre à MM. les lieutenants généraux et maréchaux de camp commandant les divisions militaires et les départements.

Paris, le 4 mai 1816.

Dispositions relatives aux officiers qui peuvent se marier sans l'autorisation du Ministre.

Messieurs, d'après les règlements militaires, les officiers en activité, et ceux qui jouissent dans leurs foyers d'une solde de non-activité en attendant leur replacement, ne peuvent se marier, sans en avoir obtenu la permission, par écrit, du Ministre de la guerre.

J'ai jugé convenable de dégager de cette formalité les officiers qui aujourd'hui ne sont plus dans le cas d'être rappelés au service.

Je vous autorise en conséquence, au fur et à mesure que la demande vous en sera faite, à délivrer un certificat constatant qu'ils n'ont plus besoin de l'autorisation du Ministre à ceux compris dans l'un des cas ci-après :

1° Aux officiers qui prouveront authentiquement avoir été proposés pour obtenir la solde de retraite par les inspecteurs généraux d'armes, quoique cette récompense ne leur ait pas encore été accordée ;

2° A ceux qui, ayant moins de dix ans de service, ont été jugés susceptibles d'obtenir une gratification d'une année de leurs appointements, conformément à l'ordonnance du 1er août 1815, comme n'ayant pas de droits suffisants à une solde de retraite ;

3° Aux officiers dont la démission a été acceptée;

4° Enfin, à ceux qui ont été admis au traitement de réforme spécial, qui les dégage entièrement de tout service militaire.

Le certificat que vous aurez délivré devra être joint à l'acte de célébration du mariage, ainsi qu'il est prescrit pour les permissions accordées aux officiers en activité.

Je vous prie de donner aux dispositions de cette lettre, dont vous voudrez bien m'accuser réception, toute la publicité que vous jugerez nécessaire pour en assurer l'exécution.

J'ai l'honneur d'être, etc.

Signé ; le Duc DE FELTRE.

Le ministre secrétaire d'État au département de la guerre, à MM. les lieutenants généraux et maréchaux de camp, commandant les divisions et subdivisions militaires, et les colonels délégués pour le recrutement; les préfets des départements, les intendants et sous-intendants militaires, et les capitaines de recrutement (2 direct., bureau du recrutement).

Paris, le 30 décembre 1820.

MM. les maréchaux de camp commandant les subdivisions militaires sont chargés d'accorder les permissions de mariage aux jeunes soldats.

Messieurs, l'art. 156 de l'instruction sur les appels (nos 920 à 924 du *Manuel*) porte que *tout jeune soldat qui voudra se marier, sera tenu d'en faire la demande au conseil d'administration de la légion sur les registres de laquelle il aura été immatriculé.*

Cette disposition se trouve changée par l'effet de la nouvelle organisation de l'infanterie, et les jeunes soldats, jusqu'au moment de leur mise en activité, forment maintenant une réserve qui est commune à toutes les armes des troupes de terre.

Dans cet état de choses, il devenait indispensable de désigner une autorité militaire supérieure qui prononçât sur les demandes de permission de mariage que pourraient former les jeunes soldats non encore mis en activité. MM. les maréchaux de camp commandant les subdivisions militaires, et, à leur défaut, les colonels délégués pour le recrutement, étant convenablement placés pour concilier le bien du service avec les ménagements dus aux familles, j'ai décidé qu'ils prononceraient, à l'avenir, sur toutes les demandes d'autorisation de mariage, formées par les jeunes soldats disponibles. En conséquence, MM. les préfets sont invités à leur transmettre ces demandes avec les avis et pièces que, jusqu'ici, ils ont fait parvenir aux colonels des légions départementales.

Messieurs les maréchaux de camp rendront compte au lieutenant général commandant la division de toutes les déterminations qui auront été prises sur les demandes d'autorisation de mariage. Ils donneront avis des autorisations accordées au sous-intendant militaire, ainsi qu'au capitaine de recrutement.

Veuillez bien, Messieurs, m'accuser réception de cette lettre.

J'ai l'honneur d'être, etc.

(*Journal militaire*, page 380.)

Le Ministre secrétaire d'État au département de la guerre à MM. les lieutenants généraux commandant la division militaire. (Direction générale du personnel, bureau de l'infanterie, section de l'infanterie.)

Paris, le 10 décembre 1822.

Les officiers en non-activité sans solde ne peuvent voyager ni changer de résidence, ni contracter mariage sans l'intervention de l'autorité militaire.

Général, je suis informé que la plupart des officiers en non-activité sans solde retirés dans leurs foyers, croient pouvoir voyager ou changer de résidence sans l'intervention de l'autorité militaire.

Je crois devoir vous faire connaître à ce sujet que les officiers dont il s'agit, étant considérés comme disponibles pour les besoins du service, doivent être astreints aux règlements relatifs aux officiers disponibles avec solde, et qu'ils ne peuvent par conséquent ni voyager ni changer de résidence, ni contracter mariage sans une autorisation ministérielle.

Je vous prie de tenir la main à ce que cette disposition soit exactement observée, et de m'accuser réception de la présente.

J'ai l'honneur d'être, etc.

(*Journal militaire officiel*, page 580.)

Le Ministre secrétaire d'État au département de la guerre à MM. les lieutenants généraux commandant les divisions militaires (Direction générale du personnel, bureau de la correspondance générale et du mouvement.)

Paris, le 23 mai 1823.

Les officiers jouissant du traitement de réforme pourront contracter mariage sans l'intervention de l'autorité militaire.

Monsieur le général, l'ordonnance du 5 février dernier, concernant le traitement de réforme, porte que les officiers qui jouissent de ce traitement, ou qui y seront admis à l'avenir, le conserveront pendant le nombre d'années spécifié par ladite ordonnance, dans le cas même où ils rentreraient dans la vie civile, et sans qu'ils puissent être astreints à reprendre du service.

Par suite de cette disposition, j'ai décidé que les mêmes officiers seront désormais, quant à leur résidence et changement de résidence, dans la même position que les officiers en retraite, et qu'ils ne seront pas astreints à demander, pour contracter mariage, la permission exigée par le décret du 16 juin 1808.

. . . .

(*Journal militaire*, pag. 370.)

Le Ministre secrétaire d'Etat au département de la guerre à MM. les directeurs des fortifications. (Direction générale du personnel, bureau du génie.)

Paris, le 14 décembre 1825.

MM. les directeurs des fortifications doivent donner connaissance au Ministre de la guerre des permissions de mariage qu'ils accordent aux gardes du génie employés sous leurs ordres.

Messieurs, d'après un décret du 16 juin 1808, MM. les directeurs des fortifications sont autorisés à délivrer des permissions de mariage aux gardes du génie employés sous leurs ordres. Jusqu'à présent ils n'ont point donné connaissance au Ministre de la guerre des permissions qu'ils accordaient, de sorte que l'état civil des gardes n'a été connu dans les bureaux du génie que par les rapports particuliers de MM. les inspecteurs généraux ; mais comme, d'une inspection à l'autre, il se trouve des gardes qui contractent mariage, et que leur nouvelle position peut influer sur les ordres à leur expédier, je vous invite à vouloir bien m'adresser le plus promptement possible l'état de ceux qui se sont mariés depuis la dernière inspection, et à m'informer à l'avenir de toutes les permissions de mariage que vous délivrerez à des gardes du génie.

J'ai l'honneur d'être, etc.

(*Journal militaire*, page 60.)

Extrait de l'Instruction relative au mariage des militaires renvoyés ou maintenus dans leurs foyers, au moyen de congés d'un an, ou de congés ou sursis illimités.

Paris, le 8 juin 1827.

. . . .

Art. 8.—Les dispositions relatives au mariage des militaires en congé illimité sont applicables aux sous-officiers et soldats qui auraient reçu des congés d'un an. En conséquence, ces derniers ne pourront se marier qu'après avoir obtenu la permission voulue par le décret du 16 juin 1808, et qui doit être délivrée par le conseil d'administration du corps auquel ils appartiennent.

Tout militaire porteur d'un congé d'un an, qui voudra contracter mariage, déposera sa demande à la mairie de la commune sur laquelle il réside. Le maire transmettra cette demande, avec son avis et tous les renseignements convenables, au préfet, et cet administrateur fera passer les pièces au Conseil d'administration, en y joignant, au besoin, ses observations particulières.

(*Journal militaire*, p. 361.)

Décision ministérielle portant que les dispositions réglementaires relatives aux permissions de mariage sollicitées par les sous-officiers et soldats présents sous les drapeaux sont applicables aux militaires en congé d'un an.

Paris, le 10 mars 1830.

Le Ministre a été consulté par plusieurs chefs de corps sur l'application des dispositions réglementaires à l'égard des sous-officiers et soldats en congé d'un an, qui sollicitent l'autorisation de se marier.

Les militaires dans cette position, appartenant encore à l'armée, et pouvant être rappelés à l'activité, si les circonstances l'exigeaient, son Excellence a décidé qu'on devra user de la même réserve que s'ils étaient présents sous les drapeaux.

Les conseils d'administration des corps de toutes armes sont invités à se conformer à cette disposition.

(*Journal militaire*, p. 174.)

Note ministérielle qui rappelle aux conseils d'administration qu'ils doivent indiquer, sur chaque congé qu'ils délivrent, si le militaire qui en est porteur a ou n'a pas contracté mariage pendant la durée de son service.

Paris, le 13 mars 1830.

Une instruction, imprimée en tête des registres matricules des corps, prescrit aux conseils d'administration de ne livrer aucun congé aux sous-officiers et soldats, sans que tous les services connus et justifiés y soient exactement relatés ; elle leur prescrit, *de plus*, d'indiquer, sur chaque congé, si le militaire qui en est porteur *a* ou *n'a pas contracté mariage pendant la durée de son service*. Cette dernière indication, d'après des avis parvenus au Ministre, paraît avoir été négligée ; elle est cependant essentielle, parce qu'elle peut intéresser le repos des familles et qu'elle devient pour les officiers de l'état civil un moyen de procéder, sans incertitude, à la célébration du mariage des anciens militaires. Les conseils d'administration sont invités, en conséquence, à veiller à l'avenir à ce qu'une telle omission ne se renouvelle plus sur l'expédition des congés.

(*Journal militaire*, p. 175.)

Extrait de l'Instruction sur la vérification des services des officiers.

Du 19 mars 1830.

. . . .

La justification pour les mariages aura lieu par la production de certificats établis par les conseils d'administration des corps, sur le vu des actes de célébration. Outre les dates que ces certificats devront faire connaître, il devra y être fait mention, pour les mariages, des noms et prénoms de l'épouse, ainsi que de la permission ministérielle.

. . . .

(*Journal militaire*, p. 184.)

Extrait de la loi sur les pensions de l'armée de terre.

Du 11 avril 1831.

. . . .

TITRE III.

DES PENSIONS DES VEUVES ET ORPHELINS.

SECTION PREMIÈRE.

Des droits à la pension.

19. Ont droit à une pension viagère :

1° Les veuves de militaires tués sur le champ de bataille ou dans un service commandé ;

2° Les veuves de militaires qui ont péri à l'armée ou hors d'Europe, et dont la mort a été causée, soit par des événements de guerre, soit par des maladies contagieuses ou endémiques, aux influences desquelles ils ont été soumis par les obligations de leur service ;

3° Les veuves de militaires morts des suites de blessures reçues soit sur le champ de bataille, soit dans un service commandé, *pourvu que le mariage soit antérieur à ces blessures.*

La cause, la nature et les suites des blessures seront justifiées dans les formes et dans les délais prescrits par un règlement d'administration publique ;

4° Les veuves de militaires morts en jouissance de la pension de retraite, ou en possession de droits à cette pension, *pourvu que le mariage ait été contracté deux ans avant la cessation de l'activité ou du traitement militaire du mari, ou qu'il y ait un ou plusieurs enfants issus de mariage antérieur à cette cessation.*

Dans les cas prévus par le présent article, ***le mariage contracté par des militaires en activité de service, postérieurement à la promulgation du décret du 16 juin 1808,*** n'ouvrira de droits à pension aux veuves et enfants qu'autant qu'il aura été autorisé dans les formes prescrites par ledit décret.

20. En cas de séparation de corps, la veuve d'un militaire ne peut prétendre à aucune pension ; les enfants, s'il y en a, sont considérés comme orphelins.

. . . .

(*Journal militaire*, livrais. supplém. du 1er sem. 1831.)

Extrait de l'Instruction provisoire sur la réserve.

Du 16 novembre 1833.

Permissions de mariage pour les militaires en congé illimité ou en congé d'un an.

83. Les sous-officiers, caporaux, brigadiers ou soldats, rendus à leurs foyers en vertu de congés illimités ou de congés d'un an, pouvant d'un instant à l'autre être rappelés dans les rangs de l'armée, ne sont pas libres de contracter mariage.

Ils restent compris dans l'exception prescrite par le décret du 16 juin 1808, c'est-à-dire qu'ils ne peuvent se marier qu'après en avoir obtenu la permission du maréchal de camp ou de l'officier supérieur commandant la subdivision.

84. En conséquence, tout militaire en congé illimité ou en congé d'un an, qui voudra se marier, sera tenu d'en faire la demande au Maréchal de camp ou à l'officier supérieur commandant le département.

85. Il remettra sa demande au maire de sa résidence, qui la fera parvenir avec son avis, par l'intermédiaire du préfet, au général commandant le département. Ce dernier l'examinera et donnera ensuite l'autorisation nécessaire, si rien dans l'intérêt du service ne s'y oppose.

86. Le maréchal de camp fera prendre note par l'officier de recrutement de la permission accordée, et la renverra au préfet, qui la transmettra au maire.

87. L'officier de recrutement indiquera sommairement dans les comptes mensuels qu'il aura à rendre sur les militaires en congé illimité ou en congé d'un an, les autorisations de mariage qui auront été accordées pendant le mois.

Permissions de mariage pour les jeunes soldats laissés dans leurs foyers.

Art. 117.—Dès l'instant où un individu qui fait partie du contingent a été immatriculé, conformément à l'art. 29 de la loi du 21 mars 1832, il est compris dans l'exception prescrite par le décret du 16 juin 1808, c'est-à-dire qu'il ne peut se marier qu'après en avoir obtenu la permission de l'autorité militaire.

A cet égard les jeunes soldats seront soumis aux mêmes formalités qui ont été prescrites pour les militaires en congé illimité (art. 83 et suiv.).

Les mêmes comptes sont à rendre.

(*Journal militaire*, 3e livrais. supplém. du 2e sem. 1831.)

*Le président du Conseil, **Ministre de la guerre**, aux conseils d'administration des différents corps de l'armée.* (Direction du personnel et des opérations militaires, bureau du recrutement et de la réserve.)

Paris, le 9 février 1834.

Les conseils d'administration des corps ne doivent point négliger de porter sur les congés définitifs délivrés aux militaires les indications relatives aux mariages qu'ils ont pu contracter pendant la durée de leur service.

Messieurs, malgré la recommandation expresse contenue dans la note ministérielle du 13 mars 1830, insérée au *Journal militaire*, je suis informé que beaucoup de congés définitifs ont été délivrés sans indiquer si le militaire qui en est porteur, *a* ou *n'a pas contracté mariage pendant la durée de son service.*

Ce renseignement est non-seulement de première nécessité pour savoir si les militaires libérés peuvent être réadmis dans l'armée, soit comme engagés volontaires, soit comme remplaçants; mais il est également indispensable dans l'intérêt des familles.

En conséquence, je renouvelle aux conseils d'administration des corps l'ordre de ne point négliger, à l'avenir, cette formalité essentielle.

Si le militaire n'était pas marié avant son incorporation, ou si, pendant la durée de son service, il n'a pas contracté mariage, on indiquera, à la place des mots *marié à* *à d*[e] , qui existent sur le dernier modèle des congés de libération.

1° ou *qu'il n'est pas marié ;*
2° ou *qu'il est veuf, avec ou sans enfants ;*
3° ou *qu'il n'a pas contracté mariage pendant la durée de son service.*

Ces indications seront portées sur les anciens modèles qui ne contiennent pas de blanc pour cet objet, après les mots: *pour le service actif par la loi.* Un espace convenable sera réservé, pour ces mêmes indications, sur les congés qui seront ultérieurement imprimés.

(*Journal militaire,* p. 37.)

Le président du conseil Ministre de la guerre, à MM. les lieutenants généraux commandant les divisions militaires. (Direction du personnel et des opérations militaires, bureau du recrutement et de la réserve.

Paris, le 21 février 1834.

Permissions de mariage qui peuvent être accordées aux hommes faisant partie de la réserve.

Général, j'ai été consulté à l'effet de savoir dans quelle proportion et dans quel cas MM. les maréchaux de camp commandant les départements doivent accorder des permissions de mariage aux hommes qui font partie de la réserve.

Deux intérêts sont à considérer et se trouvent en présence dans les demandes d'autorisation de mariage, l'intérêt de l'armée et celui des individus.

Le bien du service exige que les permissions de mariage soient restreintes pour les militaires qui ont encore un certain temps de service à faire, parce que, appartenant à la réserve, ces hommes sont susceptibles d'être rappelés au service actif.

Mais il n'y a point d'inconvénient d'accorder

l'autorisation de se marier à un homme en congé illimité, ou en congé d'un an, qui se trouverait dans la dernière année de son service, par la raison qu'il est à supposer que celui qui en fait la demande renonce à l'état militaire, et que, d'un autre côté, il est très-probable qu'à moins de circonstances extraordinaires, cet homme ne sera pas rappelé sous les drapeaux.

Des exceptions, qui devront être rares, pourront être faites en faveur des militaires qui seront encore liés au service pour plus d'une année, lorsque, par exemple, l'autorisation de mariage sera sollicitée pour des considérations morales, telles qu'une circonstance qui intéresserait l'honneur d'une famille.

Du reste, il sera bon, toutes les fois qu'une permission de mariage sera accordée, de faire observer au militaire qui l'obtiendra, que désormais et en vertu de la loi sur le recrutement de l'armée, il n'a plus, étant marié, de chance pour rentrer dans l'armée comme engagé volontaire ou comme remplaçant.

Veuillez bien assurer, en ce qui vous concerne, l'exécution de ces dispositions.

(*Journal militaire*, p. 38.)

Note ministérielle relative aux indications de mariage que les conseils d'administration des corps doivent porter sur les congés illimités et les titres provisoires de libération.

(Division du personnel et des opérations militaires; Bureau du recrutement et de la réserve.)

Paris, le 8 octobre 1835.

Les officiers de recrutement étant, aux termes

de la circulaire du 12 mars 1834, chargés de la libération des militaires qui terminent leur temps de service dans la réserve, et les congés définitifs qu'ils délivrent devant, comme ceux que les conseils d'administration établissent pour les hommes libérés sous les drapeaux, indiquer, conformément aux prescriptions de la circulaire du 9 février 1834, si les individus que ces congés concernent *ont* ou *n'ont pas contracté mariage pendant la durée de leur service*, il devient indispensable que les congés illimités et les titres provisoires de libération, au moyen desquels les militaires passent de l'armée active dans la réserve, contiennent la mention exprimée ci-dessus.

En conséquence, les conseils d'administration des corps devront étendre aux congés illimités et aux titres provisoires de libération les dispositions de la circulaire précitée du 9 février 1834.

MM. les sous-intendants militaires chargés de la surveillance administrative des corps veilleront à ce que cette formalité essentielle ne soit pas négligée.

(*Journal militaire*, p. 184.)

Décision ministérielle portant l'ordre d'insertion au Journal militaire *de l'avis du conseil d'Etat, du* 16 *mars* 1836, *sur les questions suivantes :*

Paris, le 29 avril 1836.

1° Le décret impérial du 16 juin 1808, qui porte que les officiers ayant contracté mariage, sans la permission du Ministre de la guerre, encourent la destitution, etc..., a-t-il encore force de loi?

2° L'exécution de ses dispositions peut-elle se concilier avec la loi du 19 mai 1834?

Le conseil d'Etat a adopté, dans la séance du 16 mars 1836, l'avis :

1° Que le décret du 16 juin 1808 a encore force de loi?

2° Que M. le Ministre de la guerre, s'il estime qu'il y a lieu de prononcer la destitution, doit traduire devant un conseil de guerre l'officier qui s'est marié sans sa permission, pour lui être fait application de l'art. 1er du décret du 16 juin 1808; que M. le Ministre de la guerre peut d'ailleurs, suivant les circonstances ou après avoir pris l'avis du conseil d'enquête mentionné par la loi du 19 mai 1834, proposer au Roi la mise en réforme de l'officier ou proposer sa mise en non-activité, ou infliger quelque autre peine disciplinaire, ou même user d'indulgence.

(*Journal militaire*, p. 297.)

Décision ministérielle relative à la délivrance des permissions de mariage aux officiers.

(Direction du personnel et des opérations militaires.)

Paris, le 21 juin 1836.

Les rapports parvenus au Ministre de la guerre lui ont fait reconnaître que les conditions, imposées par les règlements à la délivrance des permissions de mariage, sont insuffisantes pour empêcher les officiers de contracter des unions qui les mettent dans un état de gêne dont le résultat presque inévitable est de porter atteinte à la considération à laquelle ils doivent prétendre, en raison du grade dont ils sont revêtus.

En attendant qu'un règlement complet sur la matière apporte, aux dispositions actuellement en vigueur, les modifications que nécessite autant l'intérêt de l'armée que celui des individus, le Ministre a décidé en principe, le 15 juin 1836, que, sous aucun prétexte, un officier n'obtiendra la permission de se marier, si le mariage projeté n'est formellement approuvé, et la demande appuyée par le chef du corps auquel appartient l'officier, et par le maréchal de camp et le lieutenant général sous les ordres desquels se trouve ce corps.

(*Journal militaire*, p. 581.)

Décision ministérielle concernant les hommes de l'armée de mer, disponibles dans leurs foyers, et qui veulent se marier.

(Direction du personnel et des opérations militaires. Bureau du recrutement et de la réserve.)

Paris, le 16 août 1836.

Le Maréchal, Ministre de la guerre, après s'être concerté avec M. le Ministre de la marine, et considérant que l'autorité militaire est déjà chargée de régler la position, sous le rapport du recrutement, et de constater la présence des hommes appartenant à l'armée de mer, qui sont en congé dans leurs foyers (circulaire du 8 septembre 1834; instruction du 9 janvier 1836), vient de rendre la décision suivante :

« Les dispositions de l'instruction du 16 no-

« vembre 1833 et de la circulaire du 21 février « 1834, qui autorisent les maréchaux de camp com- « mandant les subdivisions territoriales à accor- « der des changements de résidence et des per- « missions de mariage aux hommes de l'armée de « terre inscrits, à un titre quelconque, sur les « contrôles de la réserve, seront également appli- « quées aux marins et aux militaires de la ma- « rine qui se trouvent dans leurs foyers, avec un « congé de six mois renouvelable, ou avec un « titre provisoire, pour attendre l'époque de leur « libération. Toutefois, il ne pourra être accordé « de permissions de mariage qu'aux hommes qui « seront dans la dernière année de leur ser- « vice. »

(*Journal militaire*, p. 142.)

Décision ministérielle portant que les permissions de mariage à accorder aux portiers-consignes seront délivrées par les généraux commandant les divisions militaires.

(Direction du personnel et des opérations militaires. Bureau des états-majors et des écoles militaires.)

Paris, 15 décembre 1836.

« L'instruction du 16 novembre 1833 a autorisé les maréchaux de camp commandant les subdivisions militaires à délivrer des autorisations de mariage aux sous-officiers et soldats en activité et à ceux en congé illimité faisant partie de la réserve ; mais elle n'a rien statué à l'égard des sous-officiers employés dans les places de guerre en qualité de portiers-consignes.

Pour remplir cette lacune, le Ministre a décidé, le 8 de ce mois, qu'à l'avenir les permissions de mariage à accorder aux portiers-consignes, seront délivrées par les généraux commandant les divisions militaires.

(*Journal militaire*, p. 387.)

Le Pair de France, Ministre secrétaire d'Etat de la guerre, à MM. les lieutenants généraux commandant les divisions militaires, les maréchaux de camp commandant les subdivisions, les préfets des départements. (Direction générale du personnel et des opérations militaires, 1re division, bureau du recrutement et de la justice militaire.)

Paris, le 4 mars 1837.

Modification apportée à la circulaire du 21 février 1834, concernant les permissions de mariage à accorder aux hommes de la réserve.

Messieurs, la circulaire du 21 février 1834 porte que des permissions de mariage peuvent être accordées aux hommes de la réserve, qui sont entrés dans la deuxième année de leur service, et que « des exceptions, qui devront être rares, pourront « être faites, en faveur de ceux qui sont encore « liés au service pour plus d'une année, lorsque, « par exemple, l'autorisation de mariage sera sol- « licitée pour des considérations morales, telles « qu'une circonstance qui intéresserait l'honneur « d'une famille. »

Ces dispositions ont généralement reçu une interprétation beaucoup trop large, et il en est résulté des abus auxquels il importe de remédier. En conséquence, j'ai arrêté que MM. les maréchaux de camp, à qui l'instruction du 16 novembre 1833 défère les demandes de permissions de mariage des hommes de la réserve, ne donneront plus suite qu'à celles qui concerneront des militaires ou des jeunes soldats entrés dans la dernière année de leur service. Toutes les autres demandes me seront transmises pour y statuer, par M. le lieutenant général commandant la division, accompagnées de son avis motivé, ainsi que de l'opinion de M. le maréchal de camp de la subdivision.

J'invite MM. les préfets à porter ces nouvelles dispositions à la connaissance de leurs administrés.

Recevez, etc.

(*Journal militaire*, p. 128.)

Le Ministre secrétaire d'Etat de la guerre, à MM. les généraux commandant les divisions militaires (Personnel et opérations militaire; 1re division, bureau de la correspondance générale et des décorations.)

Paris, le 16 avril 1839.

Nouvelles dispositions au sujet des demandes de permission de mariage formées par des militaires de l'armée de mer.

Général, diverses circulaires, et notamment celle des 13 mars 1830 et 9 septembre 1832, ont réglé la marche à suivre pour la transmission à faire à M. le Ministre de la marine, des demandes de permission de mariage formées par des militaires de l'armée de mer. Cependant ce Ministre a eu l'occasion de remarquer que, dans certains départements, ce sont les préfets, les sous-préfets ou les maires qui lui adressent ces demandes, et que dans d'autres ce sont les autorités de la guerre.

. . . .

Pour faire cesser cet état de choses, qui met en souffrance les intérêts des militaires de l'armée de mer, ou place ces militaires dans une position irrégulière, M. le Ministre de la marine et moi avons arrêté de concert les dispositions suivantes :

1° Les lieutenants généraux commandant les divisions militaires auront la faculté de prononcer sur les demandes de permission de mariage, qui leur seront soumises par des jeunes soldats de la marine non encore appelés, ou par des militaires de ce département et des marins en congé illimité.

. . . .

Il est bien entendu que ces dispositions regardent exclusivement les sous-officiers, soldats et marins provenant du recrutement, et qu'elles ne concernent point les marins inscrits, qui sont régis par des lois spéciales, dont l'application ne peut leur être faite que par l'autorité maritime.

Au moyen de ces mêmes dispositions, et comme j'ai d'ailleurs reconnu que l'intermédiaire du Ministre de la guerre, pour la transmission des demandes dont il s'agit, n'était d'aucune utilité et ne pouvait avoir pour effet que d'en retarder la solution, j'autorise MM. les lieutenants généraux à correspondre à l'avenir directement avec M. le Ministre de la marine, pour tout ce qui concerne le personnel des sous-officiers, soldats et marins qui font l'objet de la présente circulaire.

Recevez, etc.

(*Journal militaire*, p. 158.)

Le Ministre secrétaire d'État de la guerre, à MM. les généraux commandant les divisions militaires. (Personnel et opérations militaires; 1re division, bureau de la correspondance générale et des décorations.)

Paris, le 31 août 1839.

Dispositions relatives aux permissions de mariage des militaires de l'armée de mer.

Général, les dispositions de la note du 26 janvier 1837, insérée au *Journal militaire*, qui suppriment les congés à titre de soutien de famille, ont été appliquées aux troupes de la marine par décision du 13 mars suivant ; mais il a été depuis lors accordé, dans ce département, des congés de six mois renouvelables, aux hommes dont la présence dans leurs foyers était reconnue indispensable.

La circulaire ministérielle du 16 avril dernier gardant le silence au sujet de ces congés, il m'a été demandé si les lieutenants généraux commandant les divisions territoriales, pouvaient user, pour les renouveler, de la faculté qui leur avait été accordée par la circulaire du 28 mars 1835, relativement aux congés comme soutiens de famille.

M. le Ministre de la marine, que j'ai consulté à cet égard, vient de décider qu'à l'avenir il ne sera plus délivré, à quelque titre que ce soit, aux troupes de ce département, de congés de six mois, susceptibles d'être renouvelés, mais seulement des congés temporaires qui placent les hommes dans une position analogue à celle des semestriers, lesquels ne peuvent obtenir de prolongations de congé que sur la proposition de leurs chefs, ou d'après leur consentement. L'adoption de cette mesure rend dès lors votre intervention inutile à cet égard.

Appréciant en outre la nécessité de mettre la jurisprudence de l'armée de mer en harmonie avec celle de l'armée de terre, M. le Ministre de la marine a arrêté que MM. les généraux commandant les divisions militaires ne seront plus appelés à prononcer que sur les demandes de permissions de mariage, formées par les militaires de la marine restés ou renvoyés dans leurs foyers, qui seront entrés dans leur dernière année de service, et que ces officiers généraux devront lui en référer pour toutes les autres demandes de cette nature qui leur seraient adressées.

Il est bien entendu que les dispositions ci-dessus n'apportent aucun changement aux prescriptions contenues dans la circulaire ministérielle du 16 avril dernier, relativement à la réforme des militaires de l'armée de mer et des marins non inscrits, et qu'elles ne modifient que celles de ces prescriptions qui concernent les permissions de mariage.

Recevez, etc.

(*Journal militaire*, p. 209.)

Le Ministre secrétaire d'État de la guerre, à MM. les généraux commandant les divisions et subdivisions territoriales. (Direction du personnel et des opérations militaires ; 2e division ; bureau du recrutement.)

Paris, le 13 octobre 1839.

Avis des mesures prescrites par M. le Ministre de l'intérieur pour assurer l'exé-

cution des dispositions des règlements concernant les hommes de la réserve.

Messieurs, les rapports sur l'appel des hommes de la réserve m'ont fait connaître que, dans plusieurs localités, MM. les maires, non seulement ne font pas exactement parvenir les lettres de convocation aux militaires et jeunes soldats qu'elles concernent, mais encore qu'ils délivrent à ces hommes des passe-ports sans l'assentiment de l'autorité militaire ou procèdent à leur mariage sans la production de l'autorisation exigée par le décret du 16 juin 1808.

M. le Ministre de l'intérieur, à qui je me suis empressé de signaler ces nombreuses infractions, m'annonce qu'afin d'éviter qu'elles se reproduisent, il vient d'adresser à MM. les préfets une circulaire pour leur recommander d'assurer, par tous les moyens en leur pouvoir, l'exécution des règlements relatifs aux passe-ports, aux mariage, et aux appels périodiques des hommes de la réserve.

Il y a lieu d'espérer que cette recommandation aura pour effet d'empêcher le renouvellement des abus signalés. De votre côté, vous voudrez bien aussi veiller, en ce qui vous concerne, à ce que les dispositions qui régissent la réserve soient ponctuellement observées.

Recevez, etc.

(*Journal militaire*, p. 344.)

Le Pair de France, Ministre secrétaire d'Etat de la guerre, à MM. les lieutenants généraux et maréchaux de camp commandant les divisions et subdivisions militaires et les membres des conseils d'administration des corps. (Direction du personnel et des opérations mil., 2e division; bureau de l'infanterie.)

Paris, le 3 juillet 1840.

A l'avenir, les avis de mariages contractés par les officiers seront donnés au Ministre de la guerre, au moyen de simples certificats, sans lettre d'envoi.

Messieurs, l'instruction du 19 mars 1830, sur la vérification des services des officiers, insérée au *Journal militaire*, a réglé que les conseils d'administration des corps doivent adresser au Ministre des certificats constatant la célébration des mariages que les officiers ont été autorisés à contracter.

Pour l'exécution de cette instruction, les conseils d'administration envoient, tantôt des copies des actes de mariage, tantôt des certificats délivrés par les maires devant lesquels les mariages ont été contractés, et ces pièces, remises au maréchal de camp commandant la subdivision dans laquelle les régiments sont stationnés, sont ensuite adressées au général commandant la division, qui en fait l'envoi au Ministre par une lettre de transmission.

Pour diminuer les écritures et établir un mode uniforme de justification, j'ai arrêté que les avis de mariage me seront donnés, à l'avenir, au moyen de simples certificats, *sans lettre d'envoi*, dans la quinzaine qui suivra la célébration de chaque mariage; ces certificats, dont le modèle est ci-joint, seront délivrés par les conseils d'administration des corps dont les officiers font partie, d'après un extrait des actes de l'état civil, signé par le maire de la commune où le mariage a eu lieu, et dûment légalisé.

La même marche sera suivie pour me donner avis des mariages contractés par les officiers en non-activité; dans ce cas, ces certificats seront délivrés par les chefs d'état-major des divisions militaires où résident ces officiers.

(*Journal militaire*, p. 9.)

MODÈLE DE CERTIFICAT DE MARIAGE.

Nous soussignés (*Membres du Conseil d'administration du* (*indication du corps*), *ou chef d'état-major de la division militaire*), certifions, d'après l'extrait des registres de l'état civil, qui est déposé dans les archives (*du corps ou de la division*), que M. (*nom, prénoms et grade*) *audit corps ou en non-activité*), s'est marié le
à la mairie de arrondissement d , département d , à demoiselle (*Nom et prénoms*), en vertu de l'autorisation ministérielle qui lui a été accordée le 18

A , le 18

(*Suivent les signatures.*)

Vu :
Le maréchal de camp commandant
la subdivision,

Vu :
Le lieutenant général commandant
la division militaire,

Note ministérielle relative à la transmission des avis de mariage contractés par les officiers de santé employés dans les hôpitaux militaires et postes sédentaires, et par les officiers d'administration des hôpitaux, des subsistances militaires, de l'habillement et du campement.

(Direction de l'administration. Division des subsistances, hôpitaux et transports.)

Paris, le **23** juillet **1840**.

Une circulaire ministérielle, en date du 3 juillet 1840 (insérée au *Journal militaire*, n° 22, p. 9), a prescrit qu'à l'avenir les avis de mariages contractés par les officiers seraient donnés au Ministre de la guerre, au moyen de simples certificats, *sans lettre d'envoi*.

Les dispositions de cette circulaire sont applicables aux officiers de santé employés dans les hôpitaux militaires et postes sédentaires, ainsi qu'aux officiers d'administration des hôpitaux, des subsistances militaires, de l'habillement et du campement.

Les certificats seront délivrés par le fonctionnaire de l'intendance militaire, en exercice dans résidence où se trouve l'officier de santé ou d'administration ; ils devront être conformes au modèle ci-joint.

MM. les intendants militaires sont chargés d'assurer l'exécution de cette disposition.

(*Journal militaire*, p. 165.)

MODÈLE DE CERTIFICAT DE MARIAGE.

Je soussigné (*l'intendant militaire ou le sous-intendant militaire. Indication de la résidence*) certifie, d'après l'extrait des registres de l'état civil qui est déposé dans les archives (*de l'hôpital ou de la place*) que M. (*nom, prénoms, grade et emploi*) s'est marié le , à la mairie d , arrondissement de , département d , à demoiselle (*nom et prénoms*), en vertu de l'autorisation ministérielle qui lui a été accordée le 18

A , le

(*Suit la signature.*)

Vu :

L'intendant militaire de la division.

Le Pair de France, Ministre secrétaire d'État de la guerre à MM. les chefs de légion et membres des conseils d'administration des corps de la gendarmerie. (Direction du personnel et des opérations militaires, 3e division ; bureau de la gendarmerie.)

Paris, le 24 juillet 1840.

Dispositions relatives à la justification des mariages des officiers de gendarmerie.

Messieurs, les dispositions renfermées dans l'instruction du 19 mars 1830 (*Journal militaire*, p. 181) ont été déclarées applicables à tous les officiers de l'armée, quels que soient leur grade et l'arme à laquelle ils appartiennnent.

Cette instruction prescrit, notamment aux conseils d'administration, d'adresser au Ministre de la guerre des certificats constatant la célébration des mariages que les officiers ont été autorisés à contracter, ce qui n'a pas été généralement exécuté par les conseils d'administration des corps et compagnies de gendarmerie.

Voulant que cette omission soit promptement réparée, et désirant en prévenir le retour, j'ai arrêté ce qui suit :

1° Le mariage de tout officier en activité dans l'arme, à l'époque de ce jour, sera constaté par un certificat individuel rédigé conformément au modèle ci-après :

Nous soussignés, membres du conseil d'administration d , certifions, d'après l'extrait des registres de l'état civil qui est déposé dans les archives de la compagnie (ou du corps), que M. (*nom, prénoms, grade et résidence*), s'est marié le , à la mairie d , arrondissement d , département d à demoiselle (*nom et prénoms*), en vertu de l'autorisation ministérielle qui lui a été accordée le

A , le 18

(*Suivent les signatures.*)

Vu :
Le Chef de légion,

Les certificats concernant les officiers qui se sont mariés antérieurement seront rassemblés par MM. les chefs de légion pour m'être expédiés, par leur intermédiaire, le 1er *septembre prochain*; ces officiers supérieurs donneront les ordres les plus précis pour que leurs subordonnés se procurent les pièces nécessaires, dans le cas où elles n'existeraient point aux archives de la compagnie.

2° Désormais de semblables certificats seront établis, au fur et à mesure du mariage de chaque officier, au vu de l'acte de l'état civil, dûment légalisé, et ils me seront transmis par MM. les chefs de légion, *sans lettre d'envoi*, dans la quinzaine qui suivra la célébration.

3° Le modèle qui précède et le même mode d'envoi successif seront suivis (sauf la suppression du mot *ministérielle*), pour ce qui concerne le mariage des sous-officiers et gendarmes, dont il doit m'être également rendu compte, aux termes de la circulaire du 3 juillet 1840.

Une circulaire du 24 juillet 1840 indique la forme des certificats à adresser au Ministre de la guerre, pour constater le mariage des militaires du corps de la gendarmerie.

(*Journal militaire*, p. 166.)

Note ministérielle sur les certificats à produire pour constater le mariage des militaires de la gendarmerie.

(Bureau de la gendarmerie.)

Paris, le 11 mars 1841.

Une autre circulaire, du 22 septembre suivant, rappelle que, d'après l'art. 19 (dernier paragraphe) de la loi du 11 avril 1831, les permissions de mariage doivent être délivrées dans les formes prescrites par le décret du 16 juin 1808, c'est-à-dire par les *conseils d'administration*, pour ce qui concerne les sous-officiers et gendarmes.

Enfin, le modèle adopté pour les certificats dont il s'agit comporte le *visa du chef de légion*, à raison du principe posé dans l'art. 123 de l'ordonnance du 29 octobre 1820, qui confère à ces officiers supérieurs la surveillance de l'ensemble du service, de l'administration, etc., dans l'étendue de leur légion.

Cependant quelques chefs de légion et même des commandants de compagnie n'ont point reconnu, dans le nouveau mode établi par les circulaires précitées, la dérogation que la loi du 11 avril 1831 avait apportée à l'art. 272 de l'ordonnance de 1820.

Pour lever toute incertitude à cet égard, le Ministre de la guerre arrête :

1° Que désormais les certificats de mariage (1) se termineront, pour les sous-officiers et gendarmes, par ces mots :

> En vertu de l'autorisation que nous lui en avons accordée le , sous l'approbation de M. le chef de légion.

2° Que ces autorisations devront être littéralement conçues ainsi qu'il suit :

> Conformément à la loi du 11 avril 1831 et à l'art. 2 du décret du 16 juin 1808 ;
>
> Et sous l'approbation de M. le , chef de la légion de gendarmerie.
>
> Nous soussignés, membres du conseil d'administration d , autorisons le sieur (*nom, prénoms, grade et résidence*), à contracter mariage avec d (*nom et prénoms*), fille d et de , domiciliée à , canton d , arrondissement d , département d
>
> A , le 18
>
> Vu et approuvé :
>
> *Le Chef de légion,*

MM. les chefs de légion et chefs de corps de la gendarmerie devront tenir sévèrement la main à

---

(1) Ces certificats doivent être transmis au Ministre, *sans lettre d'envoi*, par les chefs de légion, aussitôt après qu'ils les ont revêtus de leur visa

l'exécution de ces dispositions et s'y conformer eux-mêmes très-scrupuleusement.

(*Journal militaire*, p. 106.)

Note ministérielle portant que les permissions de mariage des sous-officiers et soldats doivent être délivrées par les conseils d'administration des corps.

(Direction du personnel. 1re division. Bureau de la correspondance générale et des décorations.)

Saint-Amans-la-Bastide, le 6 septembre 1843.

Quelques chefs de corps ont interprété l'ordonnance du 14 avril 1832, relative aux enfants et femmes de troupe, comme ayant abrogé l'art. 2 du décret du 16 juin 1808, et leur donnant le droit d'accorder ou de refuser eux-mêmes des permissions de mariage aux sous-officiers et soldats, sans la participation des conseils d'administration.

Cette interprétation n'est pas exacte; l'ordonnance du 14 avril 1832 ne contient aucune disposition relative à la compétence en matière de permissions de mariage, et son objet exclusif est de limiter le nombre des blanchisseuses, des vivandières et des enfants de troupe, qui peuvent exister dans les corps; d'un autre côté, le décret du 16 juin 1808, dont les prescriptions ont été consacrées par l'art. 19 de la loi du 11 avril 1831, sur les pensions, a acquis aujourd'hui force de loi. (*Avis du conseil d'État du* 16 *mars* 1836.)

En conséquence, le président du conseil, Ministre secrétaire d'Etat de la guerre, rappelle que, conformément au décret et à la loi précités, les permissions de mariage aux sous-officiers, caporaux, brigadiers et soldats en activité de service, doivent être délivrées par les conseils d'administration des corps.

Toutefois les chefs de corps ne doivent pas moins continuer, en cette qualité et comme présidents des conseils d'administration, à tenir la main à ce qu'il ne soit accordé aucune permission de mariage qui aurait pour résultat d'excéder le complet déterminé par l'ordonnance du 14 avril 1832 (1).

(*Journal militaire*, p. 241.)

Le Président du conseil, Ministre secrétaire d'Etat de la guerre, à MM. les lieutenants généraux et maréchaux de camp commandant les subdivisions militaires. (Direction du personnel; 1re division; bureau de la correspondance générale et des décorations.)

Paris, le 24 octobre 1843.

Dispositions relatives aux congés et aux permissions de mariage des militaires de l'armée de mer.

Général, la circulaire du 31 août 1839 a disposé qu'il ne serait plus délivré aux militaires de la marine (soldats et marins provenant du recrutement) que des congés temporaires, et que ces mi-

---

(1) L'article 7 de cette ordonnance est ainsi conçu :
« Le nombre des femmes attachées à chaque corps ne devant jamais dépasser celui déterminé par l'article 1er, les chefs de corps n'accorderont aucune permission de mariage qui aurait pour résultat d'excéder ce complet. »

litaires ne pouvant dès lors obtenir de prolongation de congé que sur la proposition ou d'après le consentement de leurs chefs, l'intervention de lieutenants généraux divisionnaires devenait inutile à cet égard.

Mais M. le Ministre de la marine a reconnu que, pour mettre d'une manière plus directe son département à même de statuer avec connaissance de cause sur les demandes de prolongation de congés, il était préférable que MM. les lieutenants généraux commandant les divisions militaires lui transmissent ces demandes avec leurs avis.

Vous devez donc vous conformer de nouveau à cette disposition, qui avait été déjà prescrite par le 4e § de la circulaire du 16 avril 1839.

Toutefois les lieutenants généraux divisionnaires continueront à prononcer, ainsi qu'il avait été réglé par la circulaire précitée du 31 août, sur les demandes de permission de mariage formées par les militaires de la marine (jeunes soldats non encore appelés, ou soldats en congé illimité dans la dernière année de leur temps de service) et ne devront en référer à M. le Ministre de la marine que pour les autres demandes de cette nature qui leur seraient adressées.

Lorsque l'intervention des lieutenants généraux ne sera pas indispensable, et en cas d'urgence, les maréchaux de camp commandant les subdivisions militaires pourront correspondre directement avec M. le Ministre de la marine, pour tout ce qui concerne le personnel des sous-officiers, soldats et marins de ce département.

En définitive, la circulaire du 31 août 1839 se trouve par le fait complétement abrogée, et celle du 16 avril de la même année reste en vigueur, sauf les modifications qui résultent de la présente circulaire dont je vous recommande d'assurer l'exécution, chacun en ce qui le concerne.

Le président du conseil, Ministre secrétaire d'Etat de la guerre,

Signé : Maréchal duc de DALMATIE.

(*Journal militaire*, p. 260.)

Le Président du conseil, Ministre secrétaire d'Etat de la guerre, à MM. les généraux commandant les divisions et subdivisions territoriales et actives, les intendants et sous-intendants militaires, les chefs de corps de toutes armes. (Direction du personnel; 1re division; bureau de la correspondance générale et des décorations.)

Paris, le 17 décembre 1843.

Dispositions relatives aux permissions à obtenir par les officiers qui désirent se marier.

Messieurs, l'expérience a démontré l'insuffisance des prescriptions réglementaires en vigueur concernant les conditions et justifications imposées aux officiers qui désirent obtenir l'autorisation de se marier.

Dans le but de faire cesser les graves inconvénients auxquels cet état de choses donne lieu, tant pour l'armée que pour les officiers eux-mêmes, j'ai arrêté les dispositions suivantes, qui ne sont, d'ailleurs, que la conséquence des prescriptions du décret du 16 juin 1808, de la loi du 11 avril 1831, sur les pensions, de celle du 19 mai 1834, sur l'état des officiers, et de l'avis du conseil d'Etat du 16 mars 1836 :

1° Les officiers de tous grades et de toutes armes ne pourront obtenir la permission de se marier qu'autant que la personne qu'ils rechercheront leur apportera en dot un revenu, non viager, de 1200 francs au moins.

2° Toute demande d'un officier tendant à obtenir la permission de se marier devra être transmise au Ministre de la guerre par la voie hiérarchique.

3° Chaque demande sera accompagnée :

1° D'un certificat (*modèle ci-joint*) constatant l'état des parents de la future, le sien, la réputation dont elle jouit ainsi que sa famille, le montant et la nature de la dot qu'elle doit recevoir, et la fortune à laquelle elle peut prétendre : ce certificat sera délivré par le maire du domicile de la future, et approuvé par le sous-préfet de l'arrondissement ;

2° D'un extrait du projet de contrat de mariage, relatant l'apport de la future.

4° Le chef de corps, le maréchal de camp subdivisionnaire et le lieutenant général divisionnaire devront, en transmettant la demande, y joindre leur avis motivé sur la moralité de la future épouse, sur la constitution de sa dot et sur la convenance de l'union projetée. A cet effet, ils devront recueillir, par l'intermédiaire de l'autorité militaire du domicile de la future, et donner des renseignements analogues à ceux que doit constater l'autorité civile.

Les demandes des officiers de troupe employés dans un service spécial, sans cesser d'appartenir à leur corps, seront accompagnées, en outre, de l'avis motivé du chef de ce service.

5° Lorsque la future résidera dans une division autre que celle du futur, le lieutenant général de cette dernière division se concertera avec celui de l'autre division, pour obtenir les renseignements indiqués plus haut.

6° Dans tous les cas, les documents qu'aura obtenus l'autorité militaire devront être transmis au Ministre, en même temps que la demande à laquelle ils se rattacheront.

7° Dans le mois de la célébration du mariage, l'officier fera parvenir, par la voie hiérarchique, au Ministre de la guerre, un extrait du contrat de mariage, en ce qui concerne l'apport de sa femme, délivré par le notaire dépositaire de l'acte.

8° Les permissions de mariage qui auront été obtenues ne seront valables que pendant six mois à partir de leur date, sauf au titulaire à en demander le renouvellement, s'il y a lieu, par la voie hiérarchique.

Cette dernière demande indiquera les rectifications que devraient subir les premiers renseignements fournis, et dont, suivant la nature, il serait justifié dans la forme voulue.

9° Les officiers qui auraient contrevenu aux prescriptions ci-dessus, ou produit sciemment des pièces dont l'énoncé serait reconnu inexact, encourraient une peine sévère, conformément à la législation en vigueur.

10° Ces diverses dispositions, qui abrogent les circulaires ou décisions des 10 août 1808, 15 février 1815, 23 novembre 1817 et 30 mai 1818, sont applicables à l'intendance militaire, ainsi qu'aux officiers de santé et d'administration. Les chefs de service se conformeront à ce qui est prescrit ci-dessus aux chefs de corps, et les intendants divisionnaires aux règles tracées aux généraux commandants.

Je ne doute pas que l'autorité civile n'apporte l'attention la plus scrupuleuse dans l'établissement des certificats qu'elle aura à délivrer, et je compte que MM. les chefs de corps ou de service, les généraux et intendants militaires, chacun en ce qui le concerne, concourront également d'une manière efficace au but des instructions qui précèdent, par le soin qu'ils mettront à instruire les demandes de permission de mariage qui devront m'être soumises.

Le président du Conseil, Ministre secrétaire d'Etat de la guerre,

Signé : Maréchal duc de DALMATIE.

(*Journal militaire*, p. 471).

DÉPARTEMENT
d

ARRONDISSEMENT d

COMMUNE
d

MODÈLE DU CERTIFICAT

A JOINDRE AUX DEMANDES DE PERMISSION DE MARIAGE PAR LES OFFICIERS.

Nous, maire de la commune d , département d , certifions qu'il résulte des renseignements exacts que nous nous sommes procurés, que Mad (1)
âgée de ans, fille de (2)
et de (3)
demandée en mariage par M. (4)
jouit d'une bonne réputation ainsi que sa famille, et qu'elle aura en mariage (5)
et que ses espérances de fortune peuvent être évaluées à environ (6)

En foi de quoi nous avons délivré le présent certificat.

Fait à , le

(*Signature du maire.*)

Vu et approuvé par nous, sous-préfet de l'arrondissement de

A , le

(*Signature du sous-préfet.*)

(1) Indiquer le nom, les prénoms et la profession.

(2) Nom, prénoms et profession du père de la future.

(3) Nom, prénoms et profession, s'il y a lieu, de la mère.

(4) Nom, prénoms, grade et corps de l'officier qui doit épouser la future.

(5) Indiquer le montant et la nature de la dot de la future.

(6) Indiquer la nature des espérances, et en préciser la somme.

Le Président du Conseil, Ministre secrétaire d'Etat de la guerre, à MM. les chefs de légion de gendarmerie. (Direction du personnel ; 3e division, bureau de la gendarmerie.)

Paris, le 7 janvier 1844.

Transmission des demandes de permission de mariage pour les officiers du corps de la gendarmerie.

Messieurs, ma circulaire du 17 déc. 1843 fait connaître les nouvelles dispositions que j'ai adoptées, au sujet des permissions à obtenir par les officiers qui désirent se marier.

Ces dispositions, quant au fond, sont applicables au corps de la gendarmerie.

En conséquence, et d'après le principe établi par l'art. 46 de l'ordonnance du 29 oct. 1820, vous aurez à vous conformer aux prescriptions générales de ladite circulaire en me transmettant, avec les pièces et renseignements exigés par les art. 2, 4 et 6, les demandes des officiers sous vos ordres qui solliciteraient l'autorisation de se marier, et en y joignant votre avis motivé sur la moralité des personnes qu'ils désireraient épouser, sur les constitutions de dots et sur la convenance des unions projetées.

Par analogie avec ce qui est indiqué en l'art. 5, lorsque la future résidera dans l'étendue d'une légion, autre que celle où le futur se trouvera employé, vous vous concerterez avec le chef de la légion à laquelle ressortira le département où la future sera domiciliée, pour obtenir les renseignements voulus par l'art. 4, et vous me les transmettrez, conformément à l'art. 6 de la circulaire précitée.

Le président du conseil, Ministre secrétaire d'Etat de la guerre,

Signé: Maréchal duc de **DALMATIE.**

(*Journal militaire*, p. 4).

Le Président du conseil, Ministre secrétaire d'Etat de la guerre, à MM. les lieutenants généraux commandant les divisions territoriales ; les maréchaux de camp commandant les subdivisions militaires ; les chefs de corps de troupe à cheval et les commandants des établissements de remonte. (Direction du personnel et des opérations militaires ; bureau de la remonte générale.)

Paris, le 10 mars 1844.

Dispositions relatives aux permissions de mariage à obtenir par les vétérinaires principaux et les vétérinaires en premier.

Messieurs, ma circulaire du 17 déc. 1843 (*Journal militaire*, n° 58) fait connaître les nouvelles dispositions que j'ai adoptées au sujet des permissions à obtenir par les officiers qui désirent se marier.

Je vous informe que ces dispositions sont applicables aux vétérinaires principaux et en premier (1).

La demande de permission de mariage formée

---

(1) Applicables à tous les vétérinaires. (Règlement du 12 juin 1852.)

par les vétérinaires principaux, qui ne sont point attachés à des dépôts de remonte, sera adressée directement au maréchal de camp subdivisionnaire, lequel la transmettra au Ministre de la guerre par la voie hiérarchique.

Le Président du conseil, Ministre secrétaire d'Etat de la guerre,

Signé: Maréchal duc de DALMATIE.

(*Journal militaire*, p. 67).

Le Président du conseil, Ministre secrétaire d'Etat de la guerre, à MM. les maréchaux de camp commandant les Ecoles d'artillerie; les directeurs d'artillerie, des manufactures d'armes, des fonderies; les sous-inspecteurs des forges et les inspecteurs des poudreries et raffineries. (Service de l'artillerie; 1re section; personnel.)

Paris, le 13 mars 1844.

Dispositions relatives aux permissions de mariage à délivrer aux agents principaux et autres employés d'artillerie.

Messieurs, je vous préviens qu'à l'instar de ce qui a été prescrit par ma circulaire 17 déc. 1843, concernant les demandes en permission de mariage formées par les officiers des différentes armes, j'ai arrêté les dispositions suivantes, relativement aux permissions de cette nature, que vous êtes autorisés à délivrer aux employés d'artillerie, en exécution de la circulaire ministérielle du 4 avr. 1829.

A l'avenir, vous n'accorderez aucune permission

de mariage aux agents principaux, gardes, maîtres et chefs artificiers, chefs et sous-chefs ouvriers d'Etat, contrôleurs des manufactures d'armes, des directions et des fonderies, réviseurs d'armes et contrôleurs-adjoints des fonderies, placés sous vos ordres, que sur la présentation :

1° D'un certificat (exactement semblable au modèle annexé à la circulaire du 17 déc. 1843), constatant que la femme que l'employé militaire désire épouser lui apporte en dot un revenu annuel de *quatre cents francs*, au moins;

2° D'un extrait du projet de contrat de mariage relatant l'apport de la future.

Lorsque la future résidera dans une direction autre que celle où est employé le futur, le titulaire de cette direction se concertera avec celui de l'autre direction, pour obtenir les renseignements indiqués plus haut.

Dans le mois de la célébration du mariage, l'employé militaire fera parvenir au Ministre de la guerre, par la voie hiérarchique, un extrait dudit contrat, délivré par le notaire dépositaire de l'acte, en ce qui concerne l'apport de la femme.

Les permissions de mariage, ainsi délivrées, ne seront valables que pendant six mois, à partir de leur date, sauf au titulaire à en demander le renouvellement à qui de droit.

Les agents principaux et autres employés d'artillerie ci-dessus désignés qui auraient contrevenu aux prescriptions de la présente circulaire, ou produit sciemment des pièces dont l'énoncé serait reconnu inexact, encourraient une peine sévère, conformément à la législation en vigueur.

Ces diverses dispositions abrogent les circulaires ministérielles des 25 oct. 1808 et 4 avr. 1829.

Le président du conseil, Ministre secrétaire d'Etat de la guerre,

Signé : Maréchal duc de DALMATIE.

(*Journal militaire*, p. 160).

Le Président du conseil, Ministre secrétaire d'Etat de la guerre, à MM. les directeurs des fortifications et MM. les chefs d'établissements du génie. (Service du génie; personnel.)

Paris, le 13 mars 1844.

Dispositions relatives aux permissions de mariage à délivrer aux gardes du génie et chefs et sous-chefs ouvriers d'état.

Messieurs, je vous préviens qu'à l'instar de ce qui a été prescrit par ma circulaire du 17 déc. 1843, concernant les demandes en permission de mariage formées par les officiers des différentes armes, j'ai arrêté les dispositions suivantes relativement aux permissions de la même nature que vous êtes autorisés à délivrer aux gardes du génie, en exécution de la circulaire ministérielle du 4 avr. 1829.

A l'avenir, vous n'accorderez aucune permission de mariage aux gardes, chefs et sous-chefs ouvriers d'Etat placés sous vos ordres, que sur la présentation :

1° D'un certificat (exactement semblable au modèle annexé à la circulaire du 17 déc. 1843) constatant que la femme que l'employé militaire désire épouser lui apporte en dot un revenu annuel de *quatre cents francs* au moins ;

2° D'un extrait du projet de contrat de mariage relatant l'apport de la future.

Lorsque la future résidera dans une direction autre que celle où est employé le futur, le titulaire de cette direction se concertera avec celui de l'autre direction pour obtenir les renseignements indiqués plus haut.

Dans le mois de la célébration du mariage, l'employé militaire fera parvenir au Ministre de la guerre, par la voie hiérarchique, un extrait dudit contrat, délivré par le notaire dépositaire de l'acte, en ce qui concerne l'apport de la femme.

Les permissions de mariage ainsi délivrées ne seront valables que pendant six mois à partir de leur date, sauf au titulaire à en demander le renouvellement à qui de droit.

Les gardes du génie, chefs et sous-chefs d'ouvriers d'Etat qui auraient contrevenu aux prescriptions de la présente circulaire, ou produit sciemment des pièces dont l'énoncé serait reconnu inexact, encourraient une peine sévère, conformément à la législation en vigueur.

Ces diverses dispositions abrogent les circulaires ministérielles des 25 oct. 1808 et 4 avr. 1829.

Le Président du conseil, Ministre secrétaire d'Etat de la guerre,

Signé : Maréchal duc de DALMATIE.

(*Journal militaire*, p. 161.)

Décision ministérielle portant que les officiers autorisés à se marier feront parvenir au Ministre, dans le délai d'un mois, par un seul et même envoi, l'extrait du contrat de leur mariage, ainsi que le certificat qui en constate la célébration.

(Direction du personnel et des opérations militaires. Bureau des opérations militaires et de la correspondance générale.)

Paris, le 16 avril 1844.

La circulaire du 3 juill. 1840 prescrit aux officiers autorisés à se marier, d'adresser au Ministre, dans un délai de quinze jours, le certificat constatant la célébration de leur mariage. La circulaire du 17 déc. 1843 accorde aux mêmes officiers un délai d'un mois pour transmettre l'extrait de leur contrat de mariage.

Afin de concilier ces dispositions, le Président du conseil, Ministre secrétaire d'Etat de la guerre, a décidé, le 16 avril 1844, que désormais les officiers, dans la position dont il s'agit, auraient un mois pour produire le certificat et l'extrait du contrat exigé, et que ces deux pièces devraient lui parvenir, par un seul et même envoi.

(*Journal militaire*, p. 238).

Décision ministérielle relative à la délivrance des permissions de mariage aux sous-officiers et soldats.

(Direction du personnel et des opérations militaires. Bureau des opérations militaires et de la correspondance générale.)

Paris, le 20 janvier 1845.

Le Président du conseil, Ministre secrétaire d'Etat de la guerre,

Considérant que dans un corps de troupe fractionné il existe, dans certains cas, plusieurs conseils d'administration ; que de là résultent des doutes sur l'application du décret du 16 juin 1808, relatif à la délivrance des permissions de mariage pour les sous-officiers et soldats ;

Considérant que l'ordonnance du 14 avril 1832 et la note ministérielle du 6 sept. 1843, ont remis aux chefs de corps, comme présidents du conseil d'administration, le soin de surveiller l'exercice du droit donné à ces conseils par le décret précité.

A décidé, le 20 janv. 1845, que les permissions de mariage, pour les sous-officiers et soldats, à quelque portion du corps qu'ils appartiennent, seront délivrées par le conseil d'administration, soit central, soit éventuel, *que préside le chef de corps.*

(*Journal militaire*, p. 34).

Décision ministérielle relative à une modification apportée aux conditions de mariage des officiers.

(Direction du personnel et des opérations militaires. Bureau des opérations militaires et de la correspondance générale.)

Paris, le 17 juin 1847.

Le Pair de France, Ministre secrétaire d'Etat de la guerre, a pris, le 17 juin 1847, la décision suivante :

L'orsqu'un officier supérieur ou un capitaine demandera l'autorisation d'épouser la fille d'un *officier membre de la Légion d'honneur*, et que cette personne n'apportera point en dot un revenu, non viager, de 1200 francs au moins, ainsi qu'il est exigé par l'arrêté ministériel du 17 déc. 1843, la demande, accompagnée de toutes les pièces indiquées par ledit arrêté, devra être adressée au Ministre de la guerre, avec l'opinion explicite et motivée du chef du corps, du maréchal de camp et du lieutenant général, sur la suite à donner à la demande.

(*Journal militaire*, p. 392).

Le Ministre de la guerre à MM. les généraux commandant les divisions territoriales de l'intérieur et de l'Algérie et la division d'occupation en Italie. (Direction de l'administration. Bureau de l'intendance militaire, des personnels administratifs et des transports, convois et équipages.)

Paris, le 20 avril 1851.

Au sujet du mariage des sous-officiers élèves d'administration militaire.

Général, aux termes du titre 2 de l'ordonnance

du 28 fév. 1838, le corps des officiers d'administration militaire se recrute principalement, en temps ordinaire parmi les sous-officiers de l'armée en activité de service, proposés pour l'emploi d'élève.

Aux conditions d'admission exigées de ces derniers par l'ordonnance précitée, les instructions ministérielles sur les inspections générales ont ajouté, depuis plusieurs années, celle que les candidats seront célibataires.

Les élèves doivent, en effet, être libres de toute préoccupation en embrassant une carrière où ils ont beaucoup à apprendre, et où ils peuvent être assujettis, au début, à de très-nombreux déplacements. En outre, destinés à gérer ultérieurement un service, ils trouveraient un obstacle à réaliser le cautionnement auquel ils seront astreints, dans des charges anticipées de famille incompatibles avec leurs devoirs et avec leur avenir. C'est donc lorsque leur position est assurée comme officiers d'administration, que l'autorisation de mariage peut leur être le plus convenablement accordée: une union sortable contribuera alors à compléter les ressources dont ils auront besoin.

Il est arrivé cependant que des sous-officiers élèves ont demandé à leurs chefs de corps et ont obtenu des permissions de mariage.

Je vous invite, en conséquence, à adresser à tous les chefs de corps placés dans votre division les recommandations nécessaires pour que les conseils d'administration ne délivrent plus, à l'avenir de permissions de mariage aux sous-officiers employés comme élèves d'administration. Lorsque de pareilles demandes leur seront adressées, ils les transmettront aux intendants divisionnaires, qui m'en rendront compte. Je me réserve d'autoriser, s'il y a lieu, les conseils d'administration à les accueillir.

Recevez, etc.

Le Ministre de la guerre,

Signé : RANDON.

(*Journal militaire*, p. 223).

Extrait du décret d'organisation du corps de santé de l'armée de terre.

Du 23 mars 1852.

ÉTAT CIVIL.

Les actes de l'état civil des officiers de santé du cadre normal sont régis par la loi commune aux officiers des autres corps de l'armée, selon qu'ils se trouvent sur le territoire ou hors du territoire national.

En ce qui concerne les mariages, ces officiers sont soumis aux obligations du décret du 16 juin 1808, et aux actes ultérieurs qui en ont confirmé ou développé les dispositions.

L'état civil des officiers de santé commissionnés et des officiers de santé requis est réglé par la loi civile, sans qu'il leur soit fait application du décret du 16 juin 1808, en ce qui concerne le mariage.

(*Journal militaire*, p. 222).

Extrait du règlement du 12 juin 1852 sur les vétérinaires militaires.

. . . .

Art. 35. Les vétérinaires de tous grades ne peuvent se marier qu'après en avoir obtenu la permission, par écrit, du Ministre, et en se conformant aux dispositions prescrites par la circulaire du 17 déc. 1843.

(*Journal militaire*, p. 522.)

Le Ministre de la guerre à MM. les généraux commandant les divisions et subdivisions territoriales et actives; les intendants et sous-intendants militaires; les chefs de corps de toutes armes. (1re Direction (Personnel). Bureau de la correspondance générale et des opérations militaires.)

Paris, le 21 août 1852.

Au sujet des demandes en autorisation de mariage formées par des officiers.

Messieurs, la disposition de l'instruction ministérielle du 17 déc. 1843, qui détermine que les officiers de tous grades et de toutes armes ne pourront obtenir la permission de se marier qu'autant que la personne qu'ils rechercheront leur apportera, en dot, un revenu non viager de 1200 francs au moins, a été interprétée très-diversement par les délégués ministériels appelés à l'appliquer.

Les uns ont admis que la justification de l'existence réelle d'un revenu non viager de 1200 francs, ou du capital le représentant, était suffisante, sous quelque forme que fût constitué, d'ailleurs, ce capital ou ce revenu.

D'autres ont jugé que le revenu de 1200 fr. devait être garanti par un capital constitué exclusivement en immeubles ou en rentes sur l'Etat.

L'expérience a démontré qu'il n'était ni rationnel ni nécessaire de soumettre l'interprétation et l'application de cette disposition à des règles absolues et invariables.

Le décret du 16 juin 1808, en établissant que les officiers ne pourraient se marier qu'avec l'autorisation du Ministre, et l'instruction précitée du 17 déc. 1843, en déterminant les conditions de fortune et de moralité qu'une personne recherchée en mariage par un officier devait remplir pour que cette autorisation pût être accordée, ont voulu empêcher que les officiers ne contractassent des unions peu convenables et susceptibles de porter atteinte à la considération due à leur caractère aussi bien qu'à leur futur bien-être.

En se plaçant à ce point de vue, il est évident que, dans des questions de cette nature, il est beaucoup de circonstances qui doivent être prises en sérieuse considération et exercer une influence déterminée sur la décision à intervenir. Ainsi, par exemple, une demande en autorisation de mariage formée par un officier tout à fait dépourvu de fortune, dont la future apporterait en dot le capital de 24,000 francs, pourrait être repoussée, parce que le revenu non viager de 1200 fr., représenté par ce capital, ne paraîtrait pas suffisamment garanti, tandis qu'elle pourrait, au contraire, être accueillie favorablement, si elle était formée par un officier se trouvant dans de bonnes conditions d'aisance personnelle.

Vous devez donc, Messieurs, bien vous pénétrer de cette idée que, quand un officier demande à se marier, la justification, par sa future, de la possession d'un revenu non viager de 1200 fr. n'implique nullement pour l'autorité supérieure l'obligation d'autoriser le mariage. Il est, au contraire, indispensable que vous examiniez, avec le plus grand soin, si la fortune dont il a été justifié n'est pas soumise à des éventualités dont la réalisation placerait l'officier daus la position à laquelle le législateur a précisément voulu le soustraire ; il n'est pas moins important que vous preniez tous les renseignements nécessaires pour vous édifier bien complétement sur la moralité de la future, sur la position de sa famille, et aussi sur la fortune personnelle de l'officier en instance. En un mot, vous devez examiner, non-seulement si les conditions réglementaires sont remplies, mais encore et surtout si l'union projetée est convenable au point de vue du grade et de la position de l'officier.

Vous devez, Messieurs, éprouver d'autant moins d'hésitation à m'exprimer, dans les termes indiqués, votre opinion sur les demandes en autorisation de mariage que vous avez à me transmettre, que vous n'êtes pas, en pareille matière, juges en dernier ressort, et que votre devoir se borne à édifier le Ministre, auquel incombe la responsabilité de la décision définitive.

Il demeure donc entendu que toute demande de mariage formée par un officier doit être instruite suivant la marche tracée par l'instruction du 17 déc. 1843, du moment où la future justifie du revenu de 1200 fr., de quelque manière que ce revenu soit constitué, et être ensuite soumise à l'examen du Ministre, avec tous les renseignements et avis des chefs militaires, de nature à éclairer complétement sa religion sur la convenance de l'union projetée.

Les recommandations qui font l'objet de la présente reposent sur des principes à l'observation desquels sont intimement liés l'intérêt des officiers et la considération de l'armée tout entière.

J'appelle donc sur elles votre attention la plus sérieuse.

Recevez, etc.

Le Ministre de la guerre,

Signé : A DE SAINT-ARNAUD.

(*Journal militaire*, p. 126).

Extrait du décret du 1er novembre 1853 sur les officiers d'administration des bureaux de l'intendance militaire.

. . . .

Art 7. Les veuves et les orphelins des officiers d'administration des bureaux de l'intendance jouissent de tous les avantages que la législation des pensions de l'armée de terre accorde aux veuves et aux orphelins des militaires ; mais l'autorisation mentionnée à la fin de l'art. 19 de la loi du 11 avril 1831 ne sera exigée qu'à partir du 28 fév. 1838, époque à laquelle des permissions de mariage ont commencé à être délivrées aux commis du cadre entretenu.

. . . .

(*Journal militaire*, p. 297).

Extrait du décret impérial sur le service de la gendarmerie.

Du 1er mars 1854.

. . . .

537. Les officiers de tout grade de la gendarmerie ne peuvent se marier sans en avoir obtenu préalablement l'autorisation du Ministre de la guerre.

538. Toute demande d'un officier de gendarmerie tendant à obtenir l'autorisation de se marier doit être transmise au ministre avec les pièces à l'appui, par le chef de légion, qui fait connaître son avis motivé sur la moralité de la personne que l'officier se propose d'épouser, sur la constitution de la dot, et sur la convenance de l'union projetée.

Si la future n'habite pas dans la circonscription de la légion, le colonel prend ces renseignements près du chef de la légion où elle réside.

Les conditions de dot sont les mêmes que celles qui sont exigées pour les officiers de l'armée.

539. Les sous-officiers, brigadiers et gendarmes ne peuvent également se marier sans en avoir obtenu la permission du conseil d'administration de la compagnie à laquelle ils appartiennent, approuvée par le chef de légion. Indépendamment des garanties de moralité exigées en pareil cas, le conseil d'administration doit s'assurer que la future possède des ressources suffisantes pour ne pas être à la charge du militaire qui désire l'épouser.

Dans le cas où le conseil d'administration croit devoir refuser son consentement, il est tenu de faire connaître les motifs de son refus au chef de légion ou de corps qui en réfère au Ministre.

Si le chef de légion ou de corps refuse son approbation, il est tenu d'en rendre compte au Ministre.

(*Journal militaire*, p. 419).

Dispositions relatives aux demandes d'autorisation de mariage des hommes de la réserve.

Paris, le 27 juillet 1854.

Général, j'ai eu lieu de remarquer que les instructions ministérielles relatives aux demandes de mariage formées par les différentes catégories d'hommes de la réserve ne sont pas suivies dans tous les départements d'une manière rigoureuse et uniforme. Or, il importe, surtout dans les circonstances actuelles, que les dispositions du décret du 16 juin 1808 reçoivent leur complète application, en ce qui concerne des hommes incessamment placés sous le coup d'une mobilisation immédiate.

En conséquence, je vous rappelle que tous les jeunes soldats et militaires de la réserve doivent, avant de se marier, justifier de la permission de l'autorité militaire.

Les dispensés et les remplacés sont astreints à la même obligation, attendu qu'ils sont, jusqu'à leur libération, susceptibles d'être appelés sous les drapeaux : les dispensés, dans le cas de renonciation aux fonctions en vue desquelles ils sont affranchis conditionnellement de leurs obligations militaires (art. 14 de la loi du 21 mars 1832) ; les remplacés, non-seulement dans le cas de désertion du remplaçant, mais encore dans le cas d'annulation de l'acte de remplacement (art. 43 de la même loi).

Du reste, afin d'éviter aux pétitionnaires des retards inutiles et d'apporter plus de célérité dans le service, j'ai décidé qu'à l'avenir les généraux divisionnaires pourront accorder, sans m'en référer, les autorisations de mariage concernant :

1° Les jeunes soldats ou militaires inscrits sur les contrôles de la réserve et se trouvant dans la dernière année de leur service ;

2° Les jeunes soldats remplacés ou les hommes maintenus dans leurs foyers à titre de soutiens de famille, quelle que soit la durée du temps de service qu'il reste à faire par ces derniers.

Quant aux demandes sur l'admission desquelles il y aurait doute, vous continuerez à me les transmettre, en me faisant connaître les motifs qui ne vous auront pas permis d'y donner une suite favorable.

Avis des autorisations accordées devra être donné

au commandant du dépôt de recrutement, qui en mentionnera le relevé numérique, par classe et par catégorie, dans la situation de l'effectif de la réserve qu'il m'adresse chaque mois (*Bureau du recrutement*).

Les demandes de mariage formées soit par les dispensés, soit par les jeunes soldats ou militaires de la réserve ayant plus d'une année de service à faire, devront, comme par le passé, m'être adressées avec votre avis.

Cependant, si des circonstances tout à fait exceptionnelles, telles que la maladie grave d'un des futurs ou de l'un de leurs ascendants, nécessitaient la prompte célébration du mariage, vous pourriez autoriser *d'urgence*, mais à la condition de m'en rendre compte sur le champ.

Recevez, etc.

(*Journal militaire*, p. 45).

Extrait de la circulaire du 23 janvier 1855, en ce qui touche le mariage des officiers d'administration et des sous-officiers du personnel de la justice militaire.

Les officiers d'administration et sous-officiers du personnel de la justice militaire ne peuvent se marier sans l'autorisation du Ministre.

(*Journal militaire,* p. 30.)

Circulaire relative aux dispositions relatives aux permissions de mariage à délivrer aux gardiens de batterie et aux ouvriers d'état.

Paris, le 17 juin 1855.

Messieurs, je vous préviens qu'à l'instar de ce

qui a été prescrit par ma circulaire du 13 mars 1844, concernant les demandes en permission de mariage formées par les gardes principaux, gardes d'artillerie, maîtres et chefs artificiers, chefs et sous-chefs ouvriers d'état, contrôleurs des manufactures d'armes, des directions et des fonderies, réviseurs d'armes et contrôleurs adjoints des fonderies, j'ai arrêté les dispositions suivantes, relativement aux permissions de même nature à accorder aux gardiens de batterie et aux ouvriers d'état.

A l'avenir, vous n'accorderez aucune permission de mariage aux gardiens de batterie et aux ouvriers d'état placés sous vos ordres que sur la présentation :

1° D'un certificat (exactement semblable au modèle annexé à la circulaire du 17 décembre 1843), constatant que la femme que le gardien de batterie ou l'ouvrier d'état désire épouser lui apporte en dot un revenu annuel de cent francs au moins ;

2° D'un extrait du projet de contrat de mariage relatant l'apport de la future.

Lorsque la future résidera dans une direction autre que celle où est employé le futur, le titulaire de cette direction se concertera avec celui de l'autre direction, pour obtenir les renseignement indiqués plus haut.

Dans le mois de la célébration du mariage, l'employé militaire fera parvenir au Ministre de la guerre, par la voie hiérarchique, un extrait dudit contrat, délivré par le notaire dépositaire de l'acte, en ce qui concerne l'apport de la femme.

Les permissions de mariage, ainsi délivrées, ne seront valables que pendant six mois, à partir de leur date, sauf au titulaire à en demander le renouvellement à qui de droit.

Les gardiens de batterie et les ouvriers d'état qui

auraient contrevenu aux prescriptions de la présente circulaire, ou produit sciemment des pièces dont l'énoncé serait reconnu inexact, encourraient une peine sévère, conformément à la législation en vigueur.

Recevez, etc.

Décision ministérielle, du 3 août 1855, relative aux autorisations de mariage dans les sections d'ouvriers militaires d'administration.

Dans les sections d'ouvriers d'administration, les autorisations de mariage seront délivrées par l'intendant militaire de la division dans laquelle sera employée la portion principale de la section et sur la proposition de l'officier d'administration qui la commande.

(*Journal militaire*, p. 251.)

Circulaire portant que les inscrits maritimes, déduits du contingent de leur classe, n'ont pas besoin, pour se marier, de la permission de l'autorité militaire.

Paris, le 16 mai 1856.

Messieurs, aux termes de la circulaire du 27 juillet 1854, les jeunes soldats, appartenant à des classes non encore libérées, qui ont été admis au bénéfice de la dispense, ne peuvent se marier sans en avoir préalablement obtenu la permission de l'autorité militaire.

Cette circulaire n'ayant établi, à cet égard, aucune distinction entre les diverses catégories de dispensés, les dispositions en ont souvent été appliquées aux inscrits maritimes déduits du contingent de leur classe en vertu du paragraphe numéroté 2e de l'article 14 de la loi du 21 mars 1832. Cependant, j'ai reconnu, de concert avec M. le Ministre de la marine et des colonies, qu'il n'y avait pas lieu d'étendre ainsi aux inscrits maritimes les restrictions apportées au mariage des jeunes gens appartenant à des classes non encore libérées.

En effet, la plupart des enfants mâles de nos marins se livrant à la navigation, le département de la marine a le plus grand intérêt à favoriser le mariage des gens de mer, et à accroître par ce moyen la population maritime. Leur mariage offre d'ailleurs l'avantage d'attacher au pays, par les liens puissants de la famille, des hommes exposés fréquemment à la tentation de déserter à l'étranger.

D'après ces considérations, j'ai décidé que la circulaire du 27 juillet 1854 ne devait pas s'appliquer aux inscrits maritimes déduits du contingent de leur classe.

Vous voudrez bien donner des instructions dans ce sens aux divers fonctionnaires placés sous vos ordres.

Recevez etc.

(*Journal militaire*, p. 455.)

Circulaire du 3 juin 1857, portant que les militaires en congé temporaire renouvelable ne peuvent se marier sans la permission de l'autorité militaire.

Les militaires en congé temporaire renouvelables ne peuvent se marier sans la permission de l'autorité militaire.

Ils adresseront leurs demandes par l'intermédiaire du maire de la commune ou de la gendarmerie, au commandant du dépôt de recrutement de leur département.

(*Journal militaire*, p. 442.)

Le Ministre Secrétaire d'État de la guerre à MM. les généraux commandant les divisions militaires. (1re Direction ; personnel ; Bureau du recrutement.)

Paris, le 2 mars 1860.

Nouvelles dispositions relatives au mariage des militaires de la réserve.

Général, un grand nombre de militaires se trouvant aujourd'hui classés dans la réserve, en exécution des circulaires du 14 janvier, du 8 et du 13 février derniers, j'ai arrêté les dispositions suivantes au sujet des permissions de mariage qu'ils pourront solliciter.

Les généraux divisionnaires statueront directement sur les demandes des militaires de la réserve qui seront dans leur dernière année de service. Il sera nécessaire, toutefois, que ces demandes soient motivées par des considérations exceptionnelles, comme par exemple, un mariage qui devra sauvegarder l'honneur d'une famille, ou améliorer notablement, non-seulement la position du militaire lui-même, mais encore celle de ses parents. Toutes les justifications nécessaires à cet effet seront rigoureusement exigées des réclamants.

Les généraux divisionnaires pourront, en outre, accorder directement des permissions de mariage aux militaires en congé renouvelable appartenant à des services publics, qui ont été aussi inscrits sur les contrôles de la réserve en vertu des circulaires précitées.

Quant aux demandes formées par les autres militaires de la réserve, qui auront plus d'une année de service à faire, elles ne sauraient, en principe, être accueillies. Cependant, lorsqu'il s'agira de circonstances rares et très-graves, les généraux divisionnaires pourront transmettre isolément avec toutes les justifications à l'appui, une proposition individuelle que j'apprécierai.

Les autres dispositions des circulaires des 27 juill. 1854, 15 mars 1858 et 5 fév. 1859, relatives aux hommes remplacés, dispensés ou maintenus dans leurs foyers à titre de soutiens de famille, continueront à être observées.

Il sera toujours tenu à l'administration centrale un compte numérique, par division militaire, de toutes les autorisations de mariage accordées. Dans ce but, les généraux divisionnaires m'adresseront par trimestre un état (modèle ci-joint) des permissions qu'ils auront directement données, en exécution de la présente circulaire, dans l'étendue de leur commandement.

Je vous invite à veiller exactement à la stricte exécution des dispositions qui précèdent.

Recevez, etc.

Le Maréchal de France,
Ministre Secrétaire d'Etat de la guerre,

Signé : RANDON.

(*Journal militaire*,, p. 105.)

MODÈLE.

• DIVISION MILITAIRE.

État *numérique des permissions de mariage directement accordées par le Général commandant la division pendant le trimestre de l'année 186 , en conformité des dispositions de la Circulaire ministérielle du 3 mars 1860.*

CLASSES.	DÉPARTEMENTS auxquels appartiennent les hommes autorisés.	MILITAIRES DE LA RÉSERVE dans leur dernière année de service.		MILITAIRES de la réserve appartenant à des services publics.	JEUNES SOLDATS maintenus dans leurs foyers comme soutiens de famille.	JEUNES SOLDATS ou militaires remplacés.	Dispensés dans leur dernière année de service.	OBSERVATIONS.
		Nombre d'hommes inscrits dans la réserve	Nombre de permissions de mariage accordées.					
	Totaux. . . .							

A , le 186 ,

Le Général commandant la division militaire,

Décision ministérielle réglant la marche à suivre pour la délivrance des permissions de mariage aux hommes de troupe dans les compagnies formant corps ou s'administrant séparément.

Paris, le 18 décembre 1860.

Le Ministre de la guerre, dans le but d'entourer la délivrance des permissions de mariage, dans *les compagnies formant corps*, de garanties analogues à celles qu'offre dans les régiments l'action d'un conseil d'administration composé de plusieurs officiers, opérant sous la présidence et sous le contrôle du chef de corps, décide qu'à l'avenir, dans les compagnies, batteries et sections formant corps, ou s'administrant séparément (lesquelles n'ont pas de conseil d'administration) les permissions de mariage à accorder aux sous-officiers, caporaux ou brigadiers et soldats ne seront plus délivrées directement par les chefs de ces compagnies, batteries et sections, mais devront être préalablement soumises à la section :

Du général commandant la subdivision territoriale,

Pour les compagnies de sous-officiers et de fusiliers vétérans ;

Du chef de la légion de gendarmerie,

Pour la compagnie de gendarmes vétérans ;

Du commandant du dépôt de remonte,

Pour les compagnies de cavaliers de remonte ;

Du général commandant l'artillerie de la garde impériale,

Pour la batterie et la compagnie à pied et les compagnies du train de la garde ;

Du colonel directeur d'artillerie,
Pour les compagnies d'ouvriers d'artillerie et d'armuriers ;

Du directeur de l'arsenal, ou, à défaut, du directeur des fortifications,
Pour les compagnies d'ouvriers du génie ;

Du sous-directeur du parc de construction,
Pour les compagnies d'ouvriers constructeurs des équipages ;

De l'intendant militaire,
Pour les infirmiers et ouvriers d'administration.

(*Journal militaire*, p. 432.)

CHAPITRE III.

PRÉNOMS. — CHANGEMENTS DE NOMS. — TITRES NOBILIAIRES.

Loi portant qu'aucun citoyen ne pourra porter de nom ni de prénom autres que ceux exprimés dans son acte de naissance.

Du 6 fructidor an II.

La Convention nationale, après avoir entendu le rapport de son comité de législation, décrète :

Art. 1er. Aucun citoyen ne pourra porter de nom ni de prénom autres que ceux exprimés dans son acte de naissance : ceux qui les auraient quittés seront tenus de les reprendre.

2. Il est également défendu d'ajouter aucun surnom à son nom propre, à moins qu'il n'ait servi jusqu'ici à distinguer les membres d'une même famille, sans rappeler des qualifications féodales ou nobiliaires.

3. Ceux qui enfreindraient les dispositions des deux articles précédents, seront condamnés à six mois d'emprisonnement et à une amende égale au quart de leurs revenus. La récidive sera punie de la dégradation civique.

4. Il est expressément défendu à tous fonctionnaires publics de désigner les citoyens dans les actes autrement que par le nom de famille, les

prénoms portés en l'acte de naissance, ou les surnoms maintenus par l'art. 2, ni d'en exprimer d'autres dans les expéditions et extraits qu'ils délivreront à l'avenir.

5. Les fonctionnaires qui contreviendraient aux dispositions de l'article précédent, seront destitués, déclarés incapables d'exercer aucune fonction publique, et condamnés à une amende égale au quart de leurs revenus.

6. Tout citoyen pourra dénoncer les contraventions à la présente loi à l'officier de police, dans les formes ordinaires.

7. Les accusés seront jugés pour la première fois par le tribunal de police correctionnelle, et en cas de récidive, par le tribunal criminel du département.

Le présent décret sera imprimé dans le Bulletin des lois.

(*Bulletin des lois,* an II, n° 44, p. 5.)

Loi du 11 *germinal an* XI (*promulguée le* 21) *relative aux prénoms et changements de noms.*

Bonaparte, premier consul, etc.

DÉCRET.

TITRE PREMIER.

DES PRÉNOMS.

Art. 1er A compter de la publication de la présente loi, les noms en usage dans les différents calendriers et ceux des personnages connus de l'histoire ancienne, pourront seuls être reçus, comme prénoms, sur les registres de l'état civil destinés à constater la naissance des enfants ; et il est interdit aux officiers publics d'en admettre aucun autre dans leurs actes.

2. Toute personne qui porte actuellement comme prénom, soit le nom d'une famille existante, soit un nom quelconque qui ne se trouve pas compris dans la désignation de l'article précédent, pourra en demander le changement, en se conformant aux dispositions de ce même article.

3. Le changement aura lieu d'après un jugement du tribunal d'arrondissement, qui prescrira la rectification de l'acte de l'état civil.

Ce jugement sera rendu, le commissaire du Gouvernement entendu, sur simple requête présentée par celui qui demandera le changement, s'il est majeur ou émancipé, et par ses père et mère ou tuteur, s'il est mineur.

TITRE II.

DES CHANGEMENTS DE NOMS.

4. Toute personne qui aura quelque raison de changer de nom, en adressera la demande motivée au Gouvernement.

5. Le Gouvernement prononcera dans la forme prescrite pour les règlements d'administration publique.

6. S'il admet la demande, il autorisera le changement de nom, par un arrêté rendu dans la même forme, mais qui n'aura son exécution qu'après la révolution d'une année, à compter du jour de son insertion au Bulletin des lois.

7. Pendant le cours de cette année, toute personne y ayant droit sera admise à présenter requête au Gouvernement pour obtenir la révocation

de l'arrêté autorisant le changement de nom; et cette révocation sera prononcée par le Gouvernement, s'il juge l'opposition fondée.

8. S'il n'y a pas eu d'opposition, ou si celles qui ont été faites n'ont point été admises, l'arrêté autorisant le changement de nom aura son plein et entier effet à l'expiration de l'année.

9. Il n'est rien innové, par la présente loi, aux dispositions des lois existantes relatives aux questions d'état entraînant changement de noms, qui continueront à se poursuivre devant les tribunaux dans les formes ordinaires.

(*Bulletin des lois*, p. 83.)

Loi qui modifie l'article 259 *du Code pénal.*

Du 28 mai 1858.

Napoléon, etc.

Article unique. L'article 259 du Code pénal est modifié ainsi qui suit :

Art. 259. Toute personne qui aura publiquement porté un costume, un uniforme ou une décoration qui ne lui appartiendrait pas, sera punie d'un emprisonnement de six mois à deux ans.

Sera puni d'une amende de cinq cents francs à dix mille francs, quiconque, sans droit et en vue de s'attribuer une distinction honorifique, aura publiquement pris un titre, changé, altéré ou modifié le nom que lui assignent les actes de l'état civil.

Le tribunal ordonnera la mention du jugement en marge des actes authentiques ou des actes de l'état civil dans lesquels le titre aura été pris indûment ou le nom altéré.

Dans tous les cas prévus par le présent article,

le tribunal pourra ordonner l'insertion intégrale ou par extrait du jugement dans les journaux qu'il désignera.

Le tout aux frais du condamné.

(*Bulletin des lois*, p. 1134).

Décret impérial relatif à l'autorisation, pour les Français, de porter en France, un titre conféré par un souverain étranger.

Du 5 mars 1859.

NAPOLÉON, etc.

Sur le rapport de notre Garde des sceaux, ministre Secrétaire d'Etat au département de la justice ;

Vu l'avis délibéré en notre Conseil du sceau des titres le 26 février dernier,

AVONS DÉCRÉTÉ et DÉCRÉTONS ce qui suit :

Art. 1er. Aucun Français ne peut porter, en France un titre conféré par un souverain étranger, sans y avoir été autorisé par un décret impérial rendu après avis du Conseil du sceau des titres.

Cette autorisation n'est accordée que pour des causes graves et exceptionnelles.

2. L'impétrant est assujetti au droit de sceau qui serait perçu en France pour la collation du même titre ou du titre correspondant.

3. L'ordonnance du 31 janvier 1819 est abrogée.

4. Notre Garde des sceaux, Ministre Secrétaire d'État au département de la justice est chargé de l'exécution du présent décret.

Fait au palais des Tuileries, le 5 mars 1859.

Signé NAPOLÉON.

(*Journal militaire*, p. 56.)

Le Ministre Secrétaire d'Etat de la guerre à LL. EExc. MM. les Maréchaux commandant les corps d'armée ; à MM. les Généraux commandant les divisions territoriales ; les Intendants militaires ; les Commandants et Directeurs des divers établissements militaires ; les Conseils d'administration des corps de toutes armes. (7e Direction ; Comptabilité générale ; Bureau des Lois et Archives.)

Paris, le 31 décembre 1859.

Dispositions relatives à la vérification de l'état civil et des titres nobiliaires des militaires.

Messieurs, la loi du 28 mai 1858, qui a modifié l'art. 259 du Code pénal, rendant passible d'une peine correctionnelle quiconque, sans droit, et en vue de s'attribuer une distinction honorifique, aura publiquement pris un titre, changé, altéré ou modifié le nom que lui assignent les actes de l'état civil, je dois appeler votre attention sur la nécessité de suivre plus strictement que jamais, dans la tenue des registres matricules, les règles déterminées par l'instruction ministérielle du 19 mars 1830 (*Journal militaire*, 1er semestre 1830, p. 181) pour la vérification de l'état civil et des titres nobiliaires des officiers.

Le chapitre 1er de cette instruction prescrit, entre autres dispositions, de ne porter sur les registres matricules les noms et toutes les indications qui constituent l'état civil, que d'après un extrait original et bien régulièrement établi des registres de l'état civil. Quant aux titres de noblesse, leur inscription ne peut y avoir lieu qu'en vertu d'une autorisation spéciale du Ministre, et après examen des droits du titulaire, selon le mode adopté de concert entre les départements de la justice et de la guerre.

Je me plais à reconnaître que ces dispositions protectrices sont généralement appliquées, depuis trente ans, dans les corps de troupe et dans les établissements militaires, avec toute la régularité désirable.

Mais il pourrait se faire que quelques militaires se crussent fondés à porter publiquement un titre de noblesse ou un nom patronymique autre que celui indiqué dans leur acte de naissance, bien qu'ils ne soient pas en mesure de produire les justifications exigées pour en obtenir l'inscription sur les registres matricules. Or, ce sont ces situations irrégulières que le législateur a précisément voulu atteindre et que la loi du 28 mai 1858 ne permet plus de tolérer.

Je réclame donc votre concours pour faire cesser les abus de cette nature qui seraient à votre connaissance. Vous enjoindrez aux contrevenants de se pourvoir, soit devant les tribunaux, s'il s'agit de la rectification d'actes de l'état civil, soit devant le garde des sceaux, Ministre de la justice, s'il s'agit d'addition ou de modification de noms, ou bien de vérification de titres nobiliaires. Vous les avertirez que, s'ils ne se conformaient pas à cette injonction, ils se trouveraient sans excuse lorsque le ministère public appellerait sur eux les sévérités de la loi.

Je vous prie de m'accuser réception de la présente circulaire, qui devra être portée à la connaissance des militaires qu'elle concerne.

Recevez, etc.

Le Maréchal de France,
Ministre Secrétaire d'État de la guerre,
Signé: RANDON.

(*Journal militaire*, p. 393.)

FIN.

TABLE ALPHABÉTIQUE

DES MATIÈRES CONTENUES DANS CE VOLUME.

FIN DE LA TABLE ALPHABÉTIQUE.

www.ingramcontent.com/pod-product-compliance
Ingram Content Group UK Ltd.
Pitfield, Milton Keynes, MK11 3LW, UK
UKHW020245180726
13839UKWH00001B/188

9 782329 340722